輝く創価に感謝！

波瀾万丈の人生！
何があっても逃げない。負けない！
人の悦びで逆転勝利！
全力突破の人生勝負史！

杉本博昭

文芸社

まえがき

私の人生は、幼い頃から苦難の連続でした。

戦争中は大阪大空襲に遭遇し、何とか母と生き延びました。

戦後、二年目のとき、父・徳次郎《とくじろう》と十一歳で死に別れ、母・アイと母一人子一人で生活することになったのです。極貧の中、母の生きるための闘いを目《ま》の当たりにし、深い愛情を知りました。

中学校では貧乏の子として、何かものがなくなるたびに盗人に仕立てられたり、一人だけ進学できずに職人の道を歩むことにもなりましたが、「今に見とれや」と、反骨精神を養いました。そして丁稚《でっち》奉公で大人に交じって仕事をしてゆく中で「人の悦《よろこ》びのために働く」ことを学んでいったのです。

二十三歳で独立開業を果たしたものの、「人を雇う」人間関係で悩み、はじめは行き詰まりました。しかし、そこで出会った「人間革命」が、人生の逆転勝利の実感と生きるための哲理を与えてくれることになりました。

人を恨んだり、憎んだりではなく、人のために、人の悦びに盡《つく》せば、必ず自分の人生に還ってくる、と学んだのです。

お陰様で「晴れの米寿」を迎えることができました。

残りの人生は、悔いを残さないように元気で、はつらつとした百歳を超えることです！

今、困難な状況に置かれている方々や、次世代の人々が、本書を通してまったく新しい生き方の可能性を見つけ、人生に「逆転勝利」するためのヒントにしていいただければ、こんなに嬉しいことはありません。

二〇二四年十月　杉本博昭

目次

第3章　中卒でブリキ店の丁稚奉公の道へ

第4章　店舗の開業

第5章　人間革命

第6章　「日本列島改造論」を転機に、ダクト工事業へ

第7章　「人の悦び」を目的にする

第8章　バードストッパー

第9章　悲劇を乗り越え、世のため、人のために

第10章　妻との別れと再出発

第1章

集団疎開と大阪大空襲

１　小学校三年生で学童疎開

私の波瀾万丈《はらんばんじょう》の人生が始まったのは、戦争が終わる九年前、昭和十一年一月十九日のことです。大阪市大正区北恩加島にて、父・杉本徳次郎と母・アイの長男として生を受けました。

昭和十五年、父は北浜で理髪店を開業し、私は姉たちと共に幼少期をここで過ごしました。三歳の私と一人の姉のセピア色の写真が残っていますが、二人の姉は私が物心つく前におそらくは病気で亡くなってしまい、名前も思い出すことはできません。

当時の写真でもう一枚残っているのは、シルクハットを被ったモダンな格好をした父と一緒に、岸和田市春木の海岸で撮った写真です。このときのことは記憶には残っていませんが、若い頃の父はずいぶんと洒落た男性だったようです。私にとっては、戦前の父を知る貴重な写真です。

その後、昭和十七年に杉本家は天王寺区大道に引っ越し、父はそこで理髪店を開業。私は四月になると、大阪市天王寺小学校に入学しました。

この小学校は明治七年に設立された伝統ある学校で、今でも、地域の子供たちが通う名門校として親しまれています。当時は、国民学校令により「大阪市天王寺国民学校」と呼ばれていたと思います。

第二次大戦末期の大阪大空襲で校舎が全焼し、戦後は大阪市聖和国民学校（大阪市立聖和小学校）に統合されて休校。「大阪市天王寺小学校」として再開校するのは、戦後十年が経った昭和三十年のことでした。空襲で全焼した校舎の跡地は、今、大阪市立天王寺図書館となっています。

私が小学校に入学した頃から、第二次大戦が激化しました。むろん、当時の幼い

４歳。岸和田市春木の海岸で、父・徳次郎と。

6歳。天王寺の杉本理髪店の前で、職人の大内さんに抱っこされて

小学校２年生の夏、母・アイと

私にはわかりませんでしたが、資源に乏しい日本は陸軍も海軍も次第に疲弊して、各地で敗戦が続いていたのです。

昭和十九年になると、いよいよ本土が空襲を頻繁に受けるようになりました。東京でも大空襲があったので、大阪では小学校三年生以上の子供たちが集団で疎開することになりました。

当時の私も、奈良県五條市二見にある天理教会に疎開することになりました。混沌とした群衆の中、クラスの生徒たち数百人で天王寺駅のプラットホームから押し込まれるように汽車に乗り、奈良へと移動したのを覚えています。

資料によれば、大阪市からは六万五千人あまりが学童疎開し（昭和十九年九月時点）、疎開先は私たちが向かった奈良県だけではなく、島根県や、愛媛県など十二の府県に及んでいたそうです。そのとき、疎開に行ったのは「国民学校初等科」と呼ばれていた小学三年生から六年生の児童です。翌年からは小学生全員が疎開することになりました。ですから、最初の学童疎開で、私は最年少の学童として奈良に向かったのです。

当時の二見教会は広い田畑の中にぽつりとあり、何だか寂しい場所だったと記憶しています。もともと大阪の下町育ちでしたから、何もない田舎の光景というものが見慣れていなかったこともありました。家族から離れた私たち小学生は、そこで子供だけで力を合わせて集団生活をすることになったのです。

疎開先では、いつも上級生が下級生の面倒を見ていました。親がいなかったので、上級生が親や、兄、姉の役割をしてくれたのです。学習が遅れないよう、にわか教室がありましたし、遊びの時間もありました。子供たちだけでも、それなりに楽しく過ごせていたような気もします。

私たちの何よりの楽しみは、食事でした。とはいっても、たいした食事が出るわけではありません。ちょっとした野菜や、麦飯のようなものばかりです。それでも育ち盛りでしたから食べられるものがあれば何でも美味《おい》しかったし、皆で一緒に食事をするのは楽しい時間だったのです。

しかし、疎開をして半年も経過した冬頃、私は寒い寝床で冷え性となり、夜中の寝小便が止まらなくなりました。

病院に行くと、膀胱炎《ぼうこうえん》と診察されましたが、当時の二見ではまともな治療もできなかったので、一旦、一人だけ大阪に戻ることになったのです。

2　焼夷弾の雨の中を母と二人で

病気回復のために大阪の天王寺の実家で過ごしていた昭和二十年の三月十三日、私はとんでもないことに遭遇することになります。

それがあの忘れもしない、大阪大空襲です。

頭上の空一面にはアメリカの爆撃機Ｂ29の大群が下からもはっきりと見える中、

焼夷弾《しょういだん》が雨のように降り注いできました。爆弾が落ちると、その周辺はいっぺんに火の海になるのです。父は徳島の海軍に召集されてしまいましたので、あわてて実家の前に掘られた防空壕に母と二人で逃げ込んだところ、防空壕の階段に焼夷弾が一発、壕の中に転げ落ちてきたのです。

そのとき、母はその不発の焼夷弾をとっさに手でつかみ、外に投げ返しました。不発弾とはいえ、勇敢な母の行動には驚きと感動を覚えました。その瞬間、母のそのときの姿は、今でもスローモーションのようにはっきりと目に焼き付いています。

防空壕を出た私と母は、実家の奥にあったご飯を急いで袋に入れて、家の向かいにある茶臼山に向かいました。

この茶臼山は「山」といっても、標高は二十六メートルしかない古墳のような小さな山です。大坂冬の陣と大坂夏の陣で、豊臣家と徳川家の戦いの舞台となった場所としても有名です。現在は天王寺公園として整備されており、見た目としては池で囲まれたちょっとした丘といったような感じです。とはいえ、天王寺区では一番高く、住宅街から離れた場所なので、そこに逃げることにしたのです。

この山に逃げ込んだとき、私たちにとって思ってもみなかった幸運なことがありました。茶臼山の入り口で、一人の兵隊さんが必死に走り込んできた私たち母子を誘導し、山の中に設置された地下の施設に入れてくれたのです。近くの見慣れた小さな山の中にこんな軍事施設があるとは知りもしなかったので、私たちはすっかり驚いてしまいました。

実は、そこは高射砲陣地の弾薬庫だったのです。

その安全な場所で、私たちは一晩座り込んで休むことができました。外では、焼夷弾による大火災で、何かの爆発音や、轟音《ごうおん》が響いています。

私と母は奇跡的にも、この山の中の地下施設で難を逃れ、命を救われたのです。

今、あの施設がどうなっているかは、わかりません。おそらく、もう埋め立てられてしまっているのでしょう。

しかし、そのときの恐ろしい体験と、助けてくれた兵隊さんが迅速に地下へ誘導してくれた姿は、今もはっきりと記憶に残っています。

3　地獄の光景と終戦

翌朝、茶臼山から母と二人で町に降りていくと、辺り一帯はほとんどが焼け野原で、まともな建物は一つも残っていませんでした。

実家もすっかり焼け落ちていて、木炭と化した柱が数本、立っているばかりです。何か残った食べ物はないか、と母と家の敷地内を探していると、家の奥に漬物が入った一斗樽《いっとだる》がありました。しかし、樽もすっかり焼けていて、中に浸けてあった大根が花びらのように外に垂れていました。幸い、樽の奥のほうにある漬物は焼けていなかったので、三日間ほど、その大根の漬物を食事代わりにしてしのぐことができました。

町中は、焼けた死体がゴロゴロと散乱していて、目も当てられない惨状でした。もしかしたら、そのかわいそうな犠牲者の中には、近所の知っている人たちもいたのかもしれません。しかし、真っ黒に焼けてしまって、誰が誰だかも見当もつかないのです。もし私たちが逃げ遅れ、山の中の施設に奇跡的に避難できなかったら、同じようになっていたかもしれない、と思うとぞっとしました。

中でも印象に残っているのは、それぞれの家の前に置かれた用水桶《ようすいおけ》に浸かった多くの死体の姿でした。用水桶というのは、火事のときなどに消防用水を溜めておく大きな桶のことです。おそらくは、周囲を火に巻かれて熱さのあまり、その中に逃げ込んだのでしょう。水の中に浸かった身体はそのままで、桶からはみ出した身体は完全に焼けてしまい、木炭のように成り果てていました。それは何とも恐ろしい、哀れな姿でした。恐怖心と共に、子供ながらに心を痛めました。一番多感な時期に、この無残な死体の姿を間近でたくさん見たことが、戦争は恐ろしいものだ、絶対にしてはならない、という私の原体験になったのです。こういう強烈な体験は、いくつになっても、決して忘れられるものではありません。

町中を走っていた市電の中にも、たくさんの焼死体がありました。今までそこで暮らし、見慣れていた平和な町が、たった一晩で、まさにこの世の地獄のような光景に成り果てていたのです。

住む場所も食べるものもなくなり、途方に暮れて焼け野原となった町中を彷徨《さまよ》った私たち母子は、同じ天王寺区でも空襲をまぬがれた河堀町に移転し、そこで空き家を見つけて暮らしていました。ところが、七月に再び空襲を受けたのです。

このときも何とか逃げ延びて命だけは助かりましたが、住んでいた家が全焼してしまったので、母の実家のある秋田県能代に行くことになりました。祖父・佐藤元《もと》吉《きち》、祖母・キノ宅に引っ越し、そこからしばらく能代小学校に通いました。

その後、夏になると、再び天王寺小学校の仲間が集団疎開している二見の天理教会に戻り、八月十五日、ラジオで天皇陛下の終戦の想いを聞きました。

玉音放送を聞いている私たち子供も、その悲しみと苦しみに同感して、自然と涙が零れてきました。

大東亜戦争の終末を感じました。小学校四年生の哀しい夏の日でした。

大阪大空襲では十万人以上の一般市民が犠牲になりました。

もちろん、この空襲は大阪だけではなく、東京大空襲等、日本全土で行われ、広島と長崎には原爆が落とされたのです。

戦争というものがいかに悲惨で、恐ろしいものか、私は身をもって知っている最後の世代の一人だと思います。だからこそ、このときの体験をここに記すことにしたのです。

第2章

父の死と独立のとき

1　特殊潜航艇の戦闘員となった父

戦中、戦後と父は天王寺で理髪店を営んでいましたが、戦争の召集を避けるために消防士として公務にも就いていました。当時、消防士の仕事は隔日だったので、任務のないときは理髪店で仕事をしていたのです。

ところが、消防士として働いていたにもかかわらず、ある日、我が家に海軍省から召集令状が届きました。赤紙です。

実は、陸軍省と違って海軍省が召集を行えるのは志願兵だけで、定員を満たせない場合に限られていたのですが、終戦間際だったため、人員不足で事情が違っていたのでしょう。正直、父はもちろん、母も私も大きなショックを受けましたが、皆、大人たちは兵隊に取られている時代です。

父は、海軍に行くことになりました。しかも、普通の海軍とは異なる配属になったのです。

父が配属になったのは、当時、徳島にあった特殊潜航艇の基地でした。「特殊潜航艇」というのはどういうものかというと、神風特攻隊の潜水艇版のようなものです。

つまり、「爆弾を抱えて敵の船に突っ込む」自爆艇の戦闘員として訓練を受けることになったのです。選ばれたら最後、生きては帰ることが絶対に叶わない任務でした。

もちろん、当時、子供だった私が知る由もなかったのですが、本土決戦を間近に控え、大日本帝国海軍はこの恐ろしい水中特攻兵器を大量生産していたのです。

幸い、訓練中に終戦を迎え、父は特攻に行くことはありませんでした。

「終戦があと一か月遅れていたら、その任務に就く予定だった」

とあとから聞いて、すっかり驚いてしまったのを覚えています。

2　小学校五年生で父の死と直面する

終戦後、特攻の任務を解かれた父は、再び消防士の仕事に戻りました。お金も食べ物も常に乏しく、貧しい日常には変わりありませんでしたが、それでも、一家の大黒柱となる父が帰ってきてくれたことで、大阪大空襲の中を二人で生き延び、何とか日々をしのいで生きてきた私と母は、すっかり安堵《あんど》していました。

今日、明日の食べるものにさえ困っていた私たちにとって、父は、心理的にも経済的にも、非常に大きな存在だったのです。

お父さんがいれば大丈夫だ、と私は思っていました。母は、父が生きて帰ってきてくれたことが嬉《うれ》しい様子で、幸福そうにしていました。

しかし、父は、戦争に行く前とは、どこか様相が変わっていました。子供心に、何やら、私たちにはわからない苦悩を抱えているようにも見えました。今にして思えば、もしかすると、特攻に行って亡くなった仲間がいたのかもしれません。

仲間が死に、自分が生き残ったことへの罪悪感のようなものに苛まれていたのでしょうか？　ただ、かつてのお洒落《しゃれ》で、陽気な、優しい父ではなく、その顔にはどこか陰があり、寡黙で、陰気な様子に見えました。

お酒やビールの手に入らない時代でしたが、父がアルコール添加酒を酒代わりに飲んでいた姿は覚えています。それもまた、辛い過去から逃避するためだったのか——それはわかりません。

戦争のショックや、そうした生活の中で身心が弱っていたからかもしれません。当時、大流行していた発疹《ほっしん》チフスに感染してしまい、天王寺にあった警察病院に入院することになりました。

私と母は、連日のように病院に見舞いに行きました。戦争から命拾いして帰ってきた父です。一刻も早く元気になって、昔のように平和で、温かい家庭を築いていけることを心から祈っていました。まだ三十代半ばの父が病を克服して元気になることを私たちは二人とも信じて疑わなかったのです。

しかし、入院中の父は、日増しに弱っていくように見えました。肉体的にはまだまだ元気で、若々しかったはずの父でしたが、ワクチンや薬もない時代です。結局、感染症には勝てませんでした。もしかすると、心が弱っていたので、免疫力も落ちていたのかもしれません。入院して数週間と経たず、父・徳次郎は三十六歳の若さでこの世を去ってしまったのです。

まだ小学校五年生、十一歳の私にとっては、身が引き裂かれるような哀しい別れとなりました。

しかし、私以上に哀しみ、苦しみを抱えることになったのは、母・アイでした。最愛の夫である父との別れだけではなく、銃後の何もない中、まだ幼い私を一人で育て、食べさせていく生活の苦労と激闘の人生が待っていたからです。

母は、本当に優しく、謙虚で、我慢強い性格の大和撫子《やまとなでしこ》そのものの女性でした。いつも私のことを第一に考えて行動してくれました。母が私のためにどれだけ頑張ってくれているかは、子供ながら理解していました。

夫を失った母と父を失った私——戦後の物資がない世の中で、境遇を同じくする母一人子一人の生活です。だからこそ、どんなにひもじい思いをしても、我慢することができたのです。

軍隊からトウモロコシや豆、カブなどのちょっとした野菜等の配給がある場合もありましたが、お米はありませんでした。何も食べる物がないときは、道に生えている野草を食べたことも覚えています。

これらの体験が、一刻も早く母を楽にさせてあげたい、貧乏生活ではなく、お金を稼いで腹一杯銀シャリを食べたい、といった私の中のハングリー精神につながっていったのです。

第3章

中卒でブリキ店の丁稚奉公の道へ

1　極貧の中、育まれた反骨精神

終戦後、小学校を卒業した私は、天王寺師範付属中学校（新制天王寺第一中学校）に入学しました。

母が理髪職人として働いて、何とか食べさせてくれていましたが、いつもつぎはぎだらけの貧しい身なりをしていたので、「貧乏人の子供」としてバカにされることもありました。もちろん、当時は裕福な人はほとんどいなかったのですが、中でも、とりわけ我が家は貧乏だったのです。

それで学校で物がなくなると、いつも私が盗んだと疑われ、盗人扱いされることもありました。

「貧乏の家の子だから、きっと杉本が盗んだんや」

こんなふうに、何もしていないのに泥棒扱いされるのはとても苦しく、悔しい思いでした。

「わしはやっとらん」

「そんなことはせぇへん」

毅然《きぜん》とそう答えるほかは、何一つ言い訳はしませんでした。

父を亡くし、母が一生懸命働いて自分を育て、学校に行かせてくれているのです。だからこそ、人を憎んだり、恨んだり、ひがんだりすることは自分の負けだと思い、相手にもしなかったのです。

ただ「今に見とれ」という負けん気だけは、胸の中に秘めていました。

同級生からバカにされたことで、目の前の相手には当たらないものの、それらをバネに自分が成長し、成功してやるのだ、という気持ちでいっぱいになっていたのです。

中学２年生、母と

立派な大人になって、成功して、いずれ世の中に出たら自分たち親子をバカにし、泥棒呼ばわりした奴らを見返してやる。一生懸命自分を育ててくれている母をバカにすることは許せない――そんな言わば、〝善〟の気持ちから生じた「反骨精神」が、私の中で育まれていったのです。

戦中・戦後の貧しい生活の中で養われたこの反骨精神と根性こそが、私の人生の原動力となり、様々な苦難を乗り越える大きな力になったのでした。

中学時代の私は勉強の成績も良く、テストでは高校受験に合格できる点数をいつも取っていました。高校に進学するお金も、母が再婚していたので、もしかしたら出してくれるかもしれません。

しかし、当時の私にとって、義理の父・桑原源次郎《げんじろう》や、その妻になった母や、義理の妹との同居生活は気まずいものがありました。何より、実の父親である徳次郎こそが自分の本当の父であると思っていましたし、母を唯一人の肉親であると思い、愛していたからです。だからこそ、いきなり他人が父親になり、家族として一緒に暮らすことに戸惑いと気兼ねがあったのです。思春期だったこともあり、新しい父親を受け容れることはできませんでした。

義理の父に頼り、新しい家族と共に暮らしながら高校生活を送ることは、そんな葛藤を胸に抱いていた当時の私にはとてもできない相談でした。それで母との関係も、どこか気まずいものになっていたのです。

私は、中学校三年生にして、自分の人生の岐路を迎え、決断を迫られました。

進学コースと修学コース、どちらの道を選ぶか……。

もちろん、進学コースを選んで、勉強は続けたい。

しかし、義理の父に頼り、新しい家族の一員として、気まずい同居生活を続けたくはない。

そこで進学コースの道を断念し、好きな物作りの道を選択して、丁稚奉公としてブリキ店で働くことに決めました。私は工作が得意で、図画工作の成績も良かったので、自分の才能を生かせる道だと思ったのです。

15歳。母が開業した安立町の理髪店の前で

天王寺師範付属中学校ではそのまま進学する生徒が多く、住み込みの丁稚奉公の道に進んだのは私一人だけでした。

私は心の中で誓いました。

「高校、大学と進学してゆく者たちには絶対負けないぞ！」

悔しさと負けん気――それが中学生の私が一人、新たな道を進むにあたり、大きな力となっていたのです。

2　十五歳で丁稚奉公の道へ

私が住み込みの丁稚奉公として働くことになったのは、亡くなった父の知り合いである天王寺の坂井板金店でした。もちろん、やる気十分でした。ところが、初めて他人の家に住んで、大人と仕事をすることに慣れませんでした。新しい環境に馴《な》染《じ》めないこともあって、三か月目に親方から「お前は板金工には向かないよ」と言われ、首になってしまったのです。

「これから独力で道を切り開いていくのだ」と意気込んでいたにもかかわらず、こうしてあっさりと挫折を味わうことになったのです。

「何で見込みがないんや……」

実家に戻った私は半ば呆然《ぼうぜん》として、しばらく落ち込んでいました。世の中に出た途端、子供ながらに大きなショックだったのです。

しかし、大和川の岸辺を一人、毎日歩いているうちにだんだんと気持ちが昂ってきて、ついに負けん気に火が点きました。

「今度こそ、絶対に一人前になってやる！」

次に紹介されたのは、西成区柳通りの川端ブリキ店でした。

再び住み込みの丁稚奉公生活への挑戦です。ここから、中学生時代に培った、反骨精神が発揮されることになったのです。

今にして思えば、前の職場で余所《よそ》の家庭や、社会の水に慣れるということもまた、若い私にとっては必要な経験なのでした。これまでの辛い経験のすべてを糧にして、中学校を出たばかりの私は仕事に打ち込むようになりました。一度首になっていたので、なおさら一生懸命でした。もう、後戻りする道も、帰る場所もないのです。

このとき、私は人生の目標を三つ立てました。

●二十歳で一人前のブリキ職人になる。

●二十五歳で結婚して、独立する。

●三十歳で店を持つ。

ブリキ店というのは、今はあまり聞かないかもしれませんが、建築関係の仕事です。金属板などを板金加工し、屋根の張り替えや雨樋《あまどい》の修繕などが主な仕事で、私も先輩のブリキ職人に習ってすぐに半人前から一人前の腕前になることができました。玩具でも何でも自分で作ってしまうような子供だったので、飲み込みが速かったのです。

前の職場を首になったのは、見知らぬ大人たちとの人間関係に慣れなかったのが原因でした。しかし、この川端ブリキ店のほうは伸び伸びと自由に仕事をやらせてもらえる雰囲気がありました。

ようやく、独立独歩で自分に向いた道を歩き出した私は仕事に没頭し、毎日が充実していました。

日々学び、上達し、一人前に近づいてゆく――ところがひょんなことから、私はこの職場から別の職場へと移動することになったのです。

3　日当七百円対、月給二百円の闘い

当時、川端ブリキ店の近くには、新進の自転車タイヤのゴム会社・共和ゴムがありました。その会社から依頼されて、なぜか職人の中で一番若い、十八歳の私が派遣されることになったのです。

最初は、ブリキ職人から教えてもらった技術を真似《まね》て仕事をしていました。しかし、ゴム会社の依頼と要請は、今までの仕事とはまったく異なるものでした。普通の板金加工の技術だけでは追いつかず、製作図や展開図などを自分で描いた上で作らなければ、とても形にできないような難しい仕事ばかりだったのです。

技術で作るだけならまだしも、自分の頭で考えて図面を引かなくてはなりません。しかし、誰もそんなことを教えてくれる人は周囲にいませんでした。

そこで本屋に足を運ぶと「製作図と展開図」に関する本を何とか探しだし、その本を暇があれば常に目を通して、独学で勉強を始めました。

最初は、本で知識を身につけ、次に実際に図面を引き、その図面を元に物を作る――このトライアンドエラーの繰り返しで、私は少しずつ自分の頭と身体で物を作る面白さに魅せられていきました。こうした経験が、のちに、私に鳥害対策装置「バードストッパー」を発明・開発する基礎になってくれたのです。

私は現場では一番の若造でしたが、新しい仕事に関しては「誰よりも努力し、絶対に負けない」という気持ちがありました。

当時、周囲の職人は日当七百円、丁稚奉公の私は月給二百円です。にもかかわらず、当時の一人前の職人が手も出せなかった物作りを若い私が率先してやり始めたのです。

新鋭のゴム会社ですから、次から次へと新しい装置を開発します。その都度、その装置に対する排気装置や、換気装置、タイヤプレス機を保湿剤で包んだ保温カバー等を作ってほしい、という要請があるのです。

私は一人、試行錯誤しながら死に物狂いで対応して、その要請に一つひとつ応えていきました。

気づけば、当時の一流の職人が誰一人として対応できなかった中、まだ若く、薄給の丁稚奉公である私が唯一、会社の要請に応えられる職人になっていたのです。

最初は、「ブリキ店から派遣されてきた若造」というふうに見ていた大人の職人たちも、私に一目置くようになりました。

数年と経たず、ゴム会社から私の仕事振りは認められ、作ったモノが「素晴らしい」と絶賛されるようにもなりました。

気づけば、そこは私が占有する職場となっていました。

自分が作ったものが人から認められ、喜ばれ、感謝される――私にとっては、初めて味わう達成感であり、悦びでした。

「そうか、仕事をして人から悦ばれるって、こんなに楽しく、嬉しいことなんだ！」

そんな体験を初めて味わうことができたのです。

親方から信頼され、見積もりも請求書を書くことも、全部任せてもらえることになりました。厭《いと》わずにそれらをすべてこなし、私は職人としてだけではなく、一社会人として成長していきました。

日当七百円対、月給二百円の戦いは、月給二百円の丁稚奉公である私に軍配が上がりました。

気づけば、私は目標の二十歳よりも早い十八歳で、一人前以上の職人になっていたのです。

4　結婚と独立

当時は、五年丁稚奉公すれば、六年目にのれん分けするという風習がありました。二十歳になれば、のれん分けしてもらって、独立できる——そんなことも楽しみにしながら、日々の仕事に全力で打ち込んでいたのです。

ところが、二十歳のときに、意外なことが起こりました。親方の妹と私の幼友達の兄が結婚することになったのです。その縁で、私の幼友達が、親方の義理の弟としてお店に入ってきました。言わば、親族の縁故採用です。それで、丁稚奉公の住み込みの身であった私が、除け者扱いされてしまったのです。

　これまで五年間、誰よりも働いて奉公してきたのに、入ってきたばかりの幼友達が、いきなり私の上司の立場になったわけです。何の実績も、腕もないのにもかかわらず、給料も私より良ければ、後継者としても期待される立場になったわけです。

　正直、とても悔しい思いをしました。彼とは仲が良かったので、仕事の現場で上下関係になることは、なおさら嫌だったのです。

　とはいっても、実家から出てきた丁稚奉公の身ですから、帰る家はありません。仕方なくそのまま働いていましたが、二十三歳のときには、のれん分けの約束は反《ほ》故《ご》にされてしまいました。そこで、「仕方ない、もう独立してやっていく腕はあるのだから」と考えて、親方の家を出ることにしました。

　実はそのとき、私は一緒に暮らしていきたい女性がいました。派遣先のゴム会社で働いていた一歳年下の女性――藤川俊子《としこ》でした。

実は、俊子に惹かれたきっかけには、秘密がありました。

「俊子」という名前が、中学校三年生のときの初恋の人と同じ名前だったのです。

しかも、その穏やかな雰囲気や、日本舞踊が趣味のところまで同じでした。

それで気になったのが最初ですが、何気ない会話を交わしたりしているうちに、すぐに彼女自身を好きになったのです。昭和三十二年五月、私が二十三歳で、彼女が二十二歳で結婚することになりました。

結婚を機に、丁稚奉公にけじめをつけて、川端ブリキ店を辞めることにしました。生活してゆくための資金は、九年間近く働いて貯めた十五万円だけでしたが、その金でささやかなアパートを借りて、二人で暮らすことにしたのです。

幸い、ブリキ職人として独立すると、ゴム会社での実績も買われ、別の店で雇われることになりました。するとこれまでの見習いの扱いとは異なり、職人としては最高給で働くことができたのです。

昭和32年５月　結婚式

丁稚奉公という縛りがなくなって初めて、自分の能力が社会で正当に評価されたことに私は気づいたのでした。

川端ブリキ店を辞めて、三か月目のことです。

ある意味では私を裏切り、首にした親方が、一人でアパートに訪ねてきました。話を聞けば、派遣されていたゴム会社の北川専務から、親方にこんな強い要請があったというのです。

「杉本君がおらんと会社の生産に大きな支障が出てたいへん困っています。杉本君に帰ってきてもらうことはできませんか？　お願いしますよ」

親方は「あんたにのれん分けして共和ゴムの権利は渡すから、仕事してあげてくれませんか？」と低姿勢で頼み込んできました。

これまでの経緯から複雑な気持ちはありましたが、親方が直々に私の元に足を運んできてくれているのです。

「わかりました。親方さんの話ですから、お受け致します」

　私は感動して了承しました。

　それに何より、ゴム会社から高く評価され、辞めたあとも必要とされていたことが嬉しかったのです。川端ブリキ店との関係ではなく、私個人――杉本博昭という職人の腕を必要としてくれていたのですから。今まで懸命に働いたことは無駄ではなかったのだ、と実感できました。

　ただし、喜び勇んですぐに戻ったわけではありません。今の自分は、かつての丁稚奉公の身ではなく、社会から評価されている一人前の職人なのです。それで、こちらから条件を付けました。

「まず仕事場を会社が提供してください」と私は言いました。「それから給料は日当ではなく、普通の見積り制にしましょう」

　こちらで見積りをして、注文を受けて仕事をする歩合制です。これなら、仕事にもよりやる気が出るし、良い仕事を数多くこなしていけば、実入りも増えます。私は会社から雇われる一職人というよりも、独立した個人事業主の立場になりたかったのです。

必死に働くうちに、人から求められたり、いいものを作って感謝されるという体験をしたことで、私は「人のために働くこと」の悦びを肌で実感できるようになっていました。

誰かのために仕事をすれば、必ず喜んでくれる人がいる。

感謝してくれる人がいる。

感謝してくれる人がいれば、それは次の仕事につながってゆく。

そんな体験を若いうちにすることができたのが、私をこれまでの殻から脱皮させ、「社会」というものに目を向けさせることになったのです。

第4章

店舗の開業

1　顧客の悦びの後に付いてくるお金には、裏切りがない

昭和三十八年八月、のれん分けで「杉本板金工作所」を二十三歳で立ち上げた私は、共和ゴムと契約して、新たな仕事をスタートさせました。

仕事場はゴム会社の一角を無料で使わせてもらうことになり、一人の見習を入れての再出発です。依頼される仕事は定型のものはなく、そのほとんどが一から製作することが必要なものばかりでした。

それも当然です。ゴム会社の社員や、普通のブリキ職人ではできないことを私の技術・腕を見越して頼んでくるのですから。だからこそ、何とか期待に応えたい、と全力で仕事に向かいました。

仕事の流れとしては、「こんなものを作ってほしい」という依頼をされたあとに、こちらで見積書を作成し、それから正式に注文を書類でもらって、作業に入るという従来どおりのものでした。

独立したからには、職人として製作だけに没頭していればいいのではなく、お金の計算もできなくてはなりません。ただ、私はそこに関しては意外と苦労しませんでした。というのも、丁稚奉公時代からすでに親方の代わりに私が見積書の作成をしていたからです。

住み込みの丁稚奉公というのは、給料は雀《すずめ》の涙ほどですが、その分、職人の技術から金勘定まで、親方の仕事を一通り覚えることができます。実際、その修業期間の経験が、独立したばかりの私には大いに役に立ったのです。

もしも丁稚奉公をしていなかったら、独立しても戸惑うことばかりだったでしょう。その意味では、私は自分を育ててくれた親方に感謝していました。

仕事では毎回、文字どおり新しいモノを作ることを求められました。

一から発明しなくてはならないようなものばかりです。職人というよりも、やっていることは発明家と同じでした。

当然、上手くいくときばかりではありません。上手くいっても、思いのほか時間がかかってしまったり、材料費に足が出てしまったり。売り上げも毎月変動するのです。

しかしその分、良いものを作って満足してもらえたときの悦びは、格別です。

「これ、すごくいいよ！」

「いいのができましたね」

「ありがとう」

「さすがだね」

こんな悦びの言葉や、感謝の言葉、お褒めの言葉をもらうたびに、それまでの苦労など吹っ飛んでしまい、夢中で次の仕事に取り組む日々が続きました。

休む間もなく仕事が依頼されるということは、それだけ自分が必要とされ、頼りにされているということです。苦労はありましたし、休みもまともに取れない毎日でしたが、それは私にとって嬉しい悲鳴でした。

顧客の声を受け止めて、懸命に思考・製作をした結果、現場から納得できる声をもらったときは、人一倍の満足感を味わうことができました。

とにかく苦労したものであればあるほど、満足してもらえたときは、やっていたことが報われた気がしました。苦労が苦労でなくなり、大きな悦びを味わえるのです。

すると顧客も私の仕事振りや、作るものを信頼して、さらなる難しい要求や、重要な仕事をどんどん振ってくれます。結果的に、お金も回ってくるようになりました。

この一連の経験から、身に染みてわかったことがあります。

それは**顧客の悦びのあとに付いてくるお金には、裏切りがない**、ということです。

この経験と哲理は、のちの人生と事業を展開していく上で、どんなときも私を支えてくれる柱となったのでした。

2　仲間と協力して危機を乗り越える貴重な体験

日々、要請される依頼に応え、懸命に働いている中で思いがけない大事件が起きました。

昭和三十四年九月に日本にやって来た伊勢湾台風です。伊勢湾沿岸の愛知県と三重県での被害が特に甚大であったことからこの名称が付けられた巨大な台風は、九月二十六日（土曜日）に潮岬に上陸し、紀伊半島から東海地方を中心にほぼ全国にわたって大きな被害をもたらしました。死者・行方不明者の数は五千人超。明治以降の日本における最大の台風被害でした。

大阪の街中もまた、ものすごい強風が吹きすさび、建物の屋根が吹き飛ばされてゆくのを目撃しました。その轟音と暴風雨の威力は、恐ろしいものがありました。

取引関係にあるゴム会社も、多くの倉庫や工場などの屋根や設備が破壊され、大きな被害を受けていました。中でも、ゴム会社の倉庫にある化学物質のゴム原料は雨に濡れると使えなくなり、莫大《ばくだい》な損害をこうむることになってしまいます。会社の存続にも影響を及ぼしかねない、危機的な状況でした。

台風が過ぎ去ったあとでも、倉庫の屋根が壊れているところに雨が降れば、原料が台無しになってしまう懸念がありました。そこで会社から急遽《きゅうきょ》、私に声がかかりました。

「杉本さん頼むで。何とか助けてや!」

お世話になっている顧客様の被害を少なくするために何とかせねば——命懸けの決意で臨みました。お金もうけの仕事として請けたのではなく、日頃お世話になっている会社を助けたい、ご恩返ししたい、という一心でした。

当時のブリキ職人の友達や知り合いに片っ端から声をかけて人数を集め、十か所近くあった工場と倉庫の屋根を一か月あまりですべて修理し、張り替えを完了させたのです。その間、倉庫の原料の被害は一切ありませんでした。

「見事な復旧だ、ありがとう！」

会社からはたいへん悦ばれました。こちらも納得の結果となりました。

また、かなりの額の請負金をいただいたことによって、このとき、力を貸してくれた友達や知り合いのグループにも多額のお礼をさせてもらうことができました。

一つの仕事で協力し合い、その成果を相互に悦び合える関係になったことは、これまで「一人で何とかしよう、自分が頑張れば顧客様に喜んでもらえる」と考えて仕事をしてきた私にとっては、新鮮な体験でした。

このとき使った材料費と工賃などの支払いを精算すると、当時の金額で七十五万円の純利益が手元に残りました。現在の価値で言うと、約一千万円くらいになります。

それが事業家としての私にとって、さらなる飛躍の土台となったのです。

3 「人を雇う」難しさにぶち当たる

伊勢湾台風でのゴム会社の被害を最小限で留めた結果、いただいた報酬七十五万円で妻の親元の土地（住之江区西加賀屋）を借りて二階建ての住まいと板金店の作業場を新築し、独立・開業することにしました。

昭和三十四年十月、「杉本板金工作所」の看板を立て、店舗を開店したのです。

これまでは仕事場を借りていましたが、二十七歳の私は、ついに自分の店と仕事場を持つことができたのでした。新しい会社を前にして、私は感慨にひたりながらも希望に胸をふくらませていました。中学を卒業し、丁稚奉公の身を選んでからというもの、一刻も早く一人前になりたい、親方になって独立したい、と邁進《まいしん》してきましたが、十二年かけてようやく夢が叶ったのです。

これから、どんなことでもできるような気がしていました。

何より、これまで培ってきた自分の知識と経験、技術があれば、どんな板金店にも負けない、という絶対的な自信があったのです。

引き受ける仕事の内容としては、これまでのゴム会社の仕事と地元の工務店の仕事の両方を請け負っていました。従業員も三人に増やし、若くして親方になって、忙しくも充実した毎日を送るようになりました。

子供も息子が二人生まれ、家庭生活も充実していました。

仕事も順調で、顧客にはその仕事振りをいつも悦ばれていましたが、一つ困ったことがありました。

というよりも、勢いに乗っていた私の前に、思ってもみなかった難題が現れたのです。

それは、人を雇うことでした。

若い頃から、私は一人で何でもモノを作ってきました。ゴム会社では、私のように独創的な仕事をできる人はいませんでしたから、なおさらです。顧客の難しい要請にたった一人、創意工夫して応えてゆくことで独立し、ついには自分の店を持つこともできるようになったのです。

そういう意味では、私は職人肌のタイプだったのでしょう。思えば、私は物心つく前から一人っ子のように育てられてきました。中学校を卒業してからは、独立独歩で歩いてきたような人間です。

自分一人が頑張れば、一人前になれる。独立できる。会社を持てる——一つひとつのハードルをクリアして、ここまでやって来たのです。

自分が頑張れば、お金もやって来たし、お客も付いてくる。きっと、従業員も同じに違いない。

しかし、従業員が増えるにつれて、そのやり方では限界があることに気づきました。皆は自分のようにはできないし、技術もやる気も、人それぞれだったからです。私からすれば、どうしてできないのだろう？　もっと頑張らないのだろう？　と歯がゆかったり、苛々してしまったりして、どうしても上手く教えることができません。

教え方、言葉のかけ方、日常会話どれも上手くいかずに、悩みました。相手の気持ち、できない人の立場について考えることは不十分だったのでしょう。

原因は自分であることに気づいてはいましたが、直す術がありませんでした。いろいろ工夫してみたものの、結局、本心からでなくては人には伝わりません。

人間関係――これはどんなモノ作りよりも、私にとっては難しい仕事でした。毎日が自分との戦いで、行き詰まりの連続でした。

正直、仕事においては初めて、独力では乗り越えられないように見える大きくて高い壁でした。

これまでは自分が頑張ればどうにかなる、と思ってやって来ましたし、実際、努力してその壁を乗り越えてきたのですが、今度ばかりはそういうわけにはいきません。いくら自分が何とかしようとしても、簡単には人の心は変えられない。人との関係というのは、こんなに難しいものなのか……。

社員との関係が上手くいかない度にどうしていいかわからず、途方に暮れて、一人、落ち込むこともしばしばでした。

ちょうどそんなとき、近くに住んでいた青年が「困っているとお聞きしたので」と自宅を訪問してきました。

その青年が、私に新たな扉を開いてくれたのです。

第5章

人間革命

1　半年だけの〝試験的〟入信

その青年は、私がどんなことに困っているのか、親身な口調で尋ねてくれました。相談する相手もなく、困り果てていたときでしたから、私は初対面の相手に自分の悩みをすべて打ち明けてしまいました。

青年は熱心に耳を傾けたのち、次のように言いました。

「杉本さんの現状はよくわかりました。解決の答えは、人間革命ですよ」

人間革命——初めて聞いた言葉でした。

「人間革命？　ちょっと待って、それはどういう意味？」

私は大きな声で聞き返しました。

「あなたの中に革命を起こすのです」と青年は答えました。「あなたが変わることで、人間関係も変わり、世の中も変わってゆくのです」

「でも、そんな簡単に願いが叶ったり、自分が変わることができるんか?」

「信心すればすべてが叶うのです」

青年ははっきりと答えました。

「信心したら何でも叶うなんて、嘘《うそ》言うな!」と私は即座に反発しました。「医者も、坊主もいらんわ」


これまで、自分自身の努力だけで生きてきた私です。独力で頑張ることで、何も持っていない中卒の丁稚奉公から裸一貫で会社を作るまできたのです。だからこそ、「信心すれば何でも叶う」という言葉をどこか安易なものと感じ、拒絶したのです。正直、胡散臭《うさんくさ》いと思いました。

しかし、青年の誠意と思いやりだけは、本物だと感じました。

自分の頑なさや融通の利かなさが原因で、人間関係に困っていたのですから、自分を変えたい、変わりたい、と切に願っていた時期でもありました。それで、とりあえず『人間革命』に目を通してみることにしたのです。

昭和三十九年三月六日、半信半疑ながらもその本を読み終えた私は、青年にこう返事をしました。

「半年だけやってみて、あかんなんだら辞めるで」

池田先生が書いたその本には、創価学会の第二代会長・戸田城聖《じょうせい》先生の燃えるような生涯と創価学会の創立の歴史が描かれていました。

正直、まだ仏法のことや、「人間革命」の意味は摑《つか》めていませんでしたが、実業家としての主人公のバイタリティや情熱、人格の向上といった成長物語に心打たれるものがあったのです。

とはいえ、これまで神も仏とも縁がなく、独力で生きてきた人間ですから、いくら本に「いいこと」が書かれていたとしても、本格的に入信することには抵抗がありました。

まずはやってみて、効果を確かめてみよう。

それで半年の期間限定で学会に入信し、勤行《ごんぎょう》と唱題を始めたのです。

「勤行」とは、朝と晩に、御本尊に向かい、法華経の「方便品」と「寿量品」というお経を読み、「南無妙法蓮華経」の題目を唱えることです。

また、特に「南無妙法蓮華経」の題目を唱えることを「唱題」といいます。

勤行・唱題については、創価学会の公式ホームページに次のように記されているので、ご紹介します。


勤行・唱題は、自身に具わる仏の生命を開いていくための実践であり、その目的は、苦難や困難に打ち勝つ強い自己を築くことにあります。

日蓮大聖人の仏法では、私たちの生命の内に、慈悲と智慧《ちえ》にあふれる仏の生命境涯、すなわち仏界が、本来、厳然と具わっていると説きます。

しかし、私たち自身の生命の内に具わった力であっても、それを現実の人生にあって、現し働かせていくためには、具体的な変革・開拓の作業が必要です。

仏の境涯を自身の生命に顕現するためには、道理に適った実践の持続が必要であり、この基本となるのが勤行・唱題です。

日蓮大聖人は、勤行・唱題を、曇った鏡を磨くことに譬《たと》えて次のように仰せです。

「たとえば、曇っていてものを映さない鏡も、磨けば宝石のように見えるようなものである。根本の迷いに覆われた生命は、磨かない鏡のようなものである。これを磨くなら、必ず真実の覚りの智慧の明鏡となるのである。深く信心を奮い起こして日夜、朝夕に、また怠ることなく自身の生命を磨くべきである。では、どのようにして磨いたらよいのであろうか。ただ南無妙法蓮華経と唱えること、これが磨くと

いうことなのである」（趣意）

この譬えで示されているように、鏡自体は磨く前も磨いた後も同じ鏡であり、別のものに変わるわけではありませんが、はたらきは全く違ってきます。同じように、私たち自身も、日々の勤行・唱題を持続することによって自身の生命が鍛え磨かれ、そのはたらきが大きく変革されてくるのです。

当時の私にとって、勤行と唱題は、まだご利益のようなものを求めてやっていただけでした。自分が本当に変わるとまでは思ってもみません。

しかし、「ここには何か本当のものがある」という直感だけはありました。頭であれこれ考えるよりも、実践派の私です。

そして、いずれにせよ、私にはこの道に入るしかなかったのです。

2　妻の自殺未遂から二人で信心の道へ

ところが、「これは仕事の問題であり、自分の問題」と割り切っていた私は、妻に相談せずに一人で勤行・唱題を始めてしまいました。結果、このことで妻の激しい怒りを買ってしまったのです。

「学会に入る人なんかと、よう暮らさん！」

突然、何の前触れもなく朝、晩と「お題目」を唱え始めた私を見て、妻の俊子はすっかり驚いてしまったのでしょう。自分としては、「半年間のテスト期間だから」とあまり深く考えずに始めてみたものの、妻に相談せずに独断での行為でしたから、今にして思えば怒りを買って当然の行為でした。

それでも、自分が社員に対する人間関係に悩んでいたことや、青年との出会いや、

『人間革命』に感動したことや、創価学会のこと等を妻に説明し、「半年間は実践すると約束したから」と勤行を続行したのです。

しかし、「自分をなおざりにして勝手に大事なことを決めた」と感じていたらしい妻は納得せず、怒りが消えることはありませんでした。

当時の私は必死だったこともありますが、「妻のことよりも、まず自分が変わることだ」と考えていたので、一人、勤行を続けました。

しかし、それがとんでもない事件を引き起こすことになってしまったのです。

ある日、夕方の四時頃に仕事から帰ってくると、一階に妻の姿も子供の姿もありません。妙に静かで、何かおかしいな、と思いました。幼い息子二人がいるわけですから、普段なら、もっとにぎやかな空気が流れているはずです。

「俊子、いるんか?」

私は、家の中に聞こえるように大きな声をかけました。

しかし、何の返事もありません。

恐る恐る二階に上がっていくと、寝室の布団の上で、妻が子供二人を抱きかかえて寝ている姿がありました。子供はすやすやと眠っていましたが、妻は昼寝しているという感じではなく、何かおかしな感じがしました。

部屋を見回すと、睡眠薬のブロバリンの箱が二つも空になっているではありませんか！　完全に致死量のブロバリンでした。

急いで救急車に連絡して、妻は病院に担ぎ込まれました。幸い、服用してから間もなかったので、何とか一命を取り留めることができましたが、まさに生きるか死ぬか――ギリギリの恐ろしい事件でした。あと少し私が帰るのが遅かったら、妻は子供を抱えたまま、一人、亡くなっていたことでしょう。

私は自分の至らなさに、すっかりショックを受け、打ちひしがれました。妻の気持ちを慮《おもんぱか》らず、自分の独断で勝手に勤行を始めたのがいけなかったのです。

信仰というのは、個人の問題だけで終わる話ではありません。家族の中で理解を得られなくては、不和の原因にもなってしまいます。試験的に勤行を始めるにしても、まずは妻に相談すべきでした。逆に言えば、それだけ当時の私は自分の不器用な人間関係に悩んでいて、どうにかしたい、と思い、焦っていたのです。

一人、そんな反省と過ちを振り返ること三日——麻酔から目覚めた妻、俊子の口から、思わぬ言葉が発せられました。

「お父さん、ごめんなさい。私が悪かったわ。私もあなたに付いていきます。信心しますから」

私はそれに対し、涙を流しながら頭を下げて謝りました。

「私が悪かった。許してくれ。前もって一言お前さんに言えば良かったのに。堪忍してくれ」

お互いに、自分の悩みや苦しみを打ち明けなかったことで、命の危機にまで陥ってしまった。

しかし、これまで隠していた胸の内を開いて話し合うことで、二人の新たな人生が始まったのです。

3　仏の生命を実感

苦しみと希望、生と死の間で深くつながった私たち夫婦は、信心を基盤にした、まったく新しい生活を始めることになりました。

二人で、朝晩の勤行と唱題を始めたのです。日々、自分のなかに育まれてゆく生命の力に、感動する毎日でした。

それまで、私は仕事一筋で生きてきました。独力で一人前にならなくてはならない。一刻も早く独立し、成功するのだ、という気持ちでひたすら前を向いて歩いてきました。

ハングリー精神と世の中への反骨心を胸に仕事に打ち込み、若くして独立して、親方になることもできたのです。しかし、独り、前ばかり向いて仕事をしてきたため、周囲にいる人たちとの人間関係の築き方がわからなくなっていたのでした。

仕事は一人前以上になり、親方になっても、人の使い方がわかっていなかったのです。自分と同じようなことを他人に求めても、それは無理な相談だということもわかりました。それで、社員に対する指示の仕方や、話しかけ方、教え方のさじ加減といったものがよくわからずに、日々悩んでいたのです。社員と険悪な関係になれば、当然、仕事にも差し支えが生じます。

どうしてできないのだろう？
どうやって教えたらいいのだろう？
どんなふうに話しかけたら、納得してもらえるのだろう？

人が増えれば増えるほど、困惑することの連続でした。

だからこそ、「人間革命」という言葉の響きに私は惹かれたのです。この出会いによって、自分の中の何かが変わるかもしれない、と直感したのでした。「革命」といっても、現在の自分自身とかけ離れた特別な存在になることでもなければ、悟り澄ました聖人のようなものを目指すわけではない、ということを私は知りました。

「人間革命」とは誰の中にもある、智慧と慈悲と勇気に満ちた仏の生命を最大に発揮することで、あらゆる困難や苦悩を乗り越えていく生き方です。

それを勤行と唱題を朝晩と唱える中で、少しずつ実感することができるようになってきたのです。

私の中に仏がいる。すべての人の中にも仏が宿っているのだ――これは今まで、私の中にはまったくなかった実感でした。

だとしたら自分を尊び、すべての人を尊ばなくてはならない。自分は一人で生きているのではなく、すべての人と関わりながら生きているのだから。

自分が変わると周囲も変わります。気づけば、社員たちとの関係も円滑で、豊かなものになっていったのです。

するとますます経営者としての仕事にも集中できるようになり、取引先との関係も上手くいき、どんどん新しい仕事もやって来るようになっていきました。

まさに、自分自身の中に「革命」が起きたのです。

約束の半年後、あの青年がお越しになり、尋ねました。

「杉本さん、約束の半年目です。どうされますか?」

私は次のように申し上げました。

「この信心は凄いです。続けていきますので、よろしくお願い致します」

決意する二十九歳の春でした。

4　自分も、他者も、仏である

「勤行」は、頭で考えてやることではありません。それは日々の生活そのものの一部であり、具体的な実践そのものです。実践しなければ、その効果を身心で実感できないものなのです。

お経を唱えるといっても、「意味がわからず経文を読誦《どくしょう》して、功徳はあるのだろうか？」という疑問を抱く方もあるかもしれません。

しかし、日蓮大聖人は次のように仰せです。

「赤ん坊は水と火を区別できず、毒と薬の違いを知らないが、乳を口に含めば命を延ばすことができる。それと同じく、経典に通じていなくとも、一字一句でも法華経を聞いた人は仏にならないわけがない」

赤ん坊が、お乳を飲めば知らず知らず大きく育っていくのと同じように、御本尊を信じて妙法を唱えきっていくならば必ず功徳があり、大きな効果も出てくるのです。

池田先生は、「自分自身が仏である」「わが胸中の太陽を仰げ」とおっしゃっています。これが法華経の真髄です。

お釈迦様が「人は誰もが仏であり、尊い」という道理を示されたように、日々、朝晩に法華経を唱えることで、私たちはこの道理を理屈ではなく、自分自身のものにしてゆくことができるのです。

自分自身だけではなく、「目の前の一人ひとりの人間が仏なのだ」と真に感じることができたら、人に対する接し方も変わってきます。

仕事ができる、できない、だけで考えていたら、人を雇う側は相手を道具か何かのようにしか見ることができません。できない人には苛々したり、教え方も親切ではなくなってしまうでしょう。

自分一人ではなく、皆で協力して何かを作り上げる達成感や、感謝の気持ちもわかってきました。

前に向かって進むだけではなく、時には後ろを振り返ったり、横の仲間を見回したりして、皆で何かを育て、作っていくことの悦びを知ったのです。

仕事も、家庭も、自分が誰かに支えられ、生かされている――これも信心の道に入ったから初めて理解できたことでした。

この気づきこそが、私の中に起きた「人間革命」だったのです。

第6章

「日本列島改造論」を転機に、ダクト工事業へ

1　ダクト工事の新事業に進出

人間は、心が変わると社会でのあり方、ポジションも変わってゆくものです。実際、私の目指す事業の方向も転機を迎え、より高く、大きく飛躍しようとしていました。

きっかけは、時の内閣総理大臣・田中角栄の「日本列島改造論」でした。「日本列島改造論」というのは、全国的にインフラを充実させることで、都会と地方、同時に経済を活性化させることを目的とした画期的な政策です。本にもなり、ベストセラーになったので、私も読んだのです。

日本列島を高速道路、新幹線、本州四国連絡橋などの高速交通網で結び、地方の工業化を促進し、過疎と過密の問題と公害の問題を同時に解決する――この政策を耳にしたとき、私の頭の中で、こんなことが閃《ひらめ》きました。

「これから日本国内にビルが建造されるのでは……」

建築板金で開業した当時の私にとって、大きな転機となる直観でした。この直感に従って、より大きな事業を展開するという夢に向かって、早速決断したのです。

それは業種の変更です。

ビルの工事では欠かせない、空調ダクト工事を本業にしようと決めたのです。

もちろん、これまで培ってきた建築板金の技術を生かせる仕事でした。私はこれまでの下請けメインの仕事から、自前の製品を売り込む会社へと発展させていく方向へ会社を大きくシフトすることを決断したのです。

こんな大胆な決断ができたのも、頭の中だけで考えるのではなく、私の身体の中に「これは正しい道だ」という直感と生命エネルギーのようなものが満ちていたからでした。

「よし、やってやる！」

昭和四十二年のことでした。

住之江区東加賀屋にあった空き地を購入し、鉄骨三階建ての工場を建築。資本金は三百万円で「株式会社・杉本工作所」を創立したのです。職人も十五人に増やし、新規事業への挑戦です。株式会社として、三十二歳での新たな船出でした。

直感は、ものの見事に当たりました。

予想どおりに全国の都市部でビルの建築が始まったのです。

大阪市内にもどんどんビルが建ち、当然、空調ダクトは必要とされます。工場も職人も万全の状態でビルラッシュを待ち構えていた私の会社には、次から次へと仕事が舞い込むようになりました。「高砂熱学工業」「大気社」「大阪電気暖房」などが得意先となりました。

結果的に、これまでになかったような大きな売り上げを達成していったのです。

2　事業を拡大し、関西圏でトップ10の会社へ

ところが、思いも寄らぬトラブルが起きました。

ダクト工事業の工場は住宅地のど真ん中にあったので、仕事が忙しくなればなるほど板金加工の騒音が大きくなって、近隣住民から苦情が殺到してしまったのです。

もちろん、この大きな波を逃したくはありません。しかし、今の工場で仕事を続けていくことはできないのは明白でした。これまで小規模人数でコツコツと仕事をしてきたため、朝から晩まで大人数で仕事をする際の騒音まで想像力が回らなかったのです。経験不足は仕方ないとはいえ、私の見立ての甘さが原因でした。

どうしたものだろう？

対応に困り果てているとき、近所にあった不動産屋さんから「堺に移動したらど

うですか？　土地も安いので」との情報が舞い込みました。

昭和四十四年、仕事の中断ができないほど依頼が立て込んでいる中で、紹介された堺市土塔町にある土地一五〇坪を購入し、本社を移転しました。三か月で建てた新工場は五百平方メートル。増資五百万円と創立して二年で倍近くの規模になっていました。資金も豊富にあったので、元の工場は、自宅に改造することにしました。

ビルラッシュに伴い、空調ダクト事業の勢いは止まることはありませんでした。この業界では「信頼できる会社だ」と認知されたこともあって、仕事の依頼が尽きなかったのです。

当時、一大ブームであった大阪万博では、二館のダクト工事の施工を受け持ちました。万博のシンボルとして、岡本太郎の太陽の塔が今でも残っていますが、杉本工作所も日本の文化の発展に、陰ながら一役買っていたのです。

万博の好景気の流れに乗って、さらに事業を拡大することにしました。

新工場は近辺の土地が安かったので、次から次へと購入し、昭和四十九年には一千六百坪の大工場となりました。増資一千二百万円。五千平方メートルの工場です。職人は、六十人抱えていました。

新鋭機械も購入し、気づけば、この業界では関西でもトップクラスの新進の会社へと大発展していたのです。

下請けチームも四チーム（稲数組、道坂組、奥田組、遠山組）あり、年商は五億五千万円に到達しました。これは関西圏のダクト工事業界で十位の年商です。

それに伴い、当時あった「関西空調ダクト工事業組合」の理事に推薦されて、三十九歳の若さで就任しました。

年商五億円を達成した昭和五十一年十月には、その悦びを社員全員と味わうために、飛行機（国産飛行機ＹＳ11）を貸し切って六十名で大名旅行をしました。山陰方面を観光し、山口県秋吉台にある鍾乳洞《しょうにゅうどう》などを皆で見物しました。

翌年には、住之江区玉出で三階にある店舗を購入し、焼き鳥屋「とり杉」を開業するなど、異業種にも事業を広げました。

　その間、創価学会では池田門下生、関西転輪会員となり、住之江区公明党副支部長、住之江区の登山責任者になる等、学会活動も精力的に行っていました。

　妻の俊子もそんな多忙な私を陰ながら支えてくれ、息子四人の子宝にも恵まれて公私共に充実していました。この頃が株式会社・杉本工作所の社長として、人生の絶頂期だったかもしれません。

　戦中・戦後を母と二人で生き延び、お金も学歴も何もないところから一つひとつ積み上げ、幾多の困難を乗り越えて、ここまでやって来たのです。

　身心共に充実して、人生の最高の流れに乗っている時期でした。

　優秀な職人を抱えていたおかげで大きな事故もトラブルもなく、年商は右肩上がり。まさに順風満帆。我が世の春を満喫していたのです。

　まさかすぐそこに、大きな大きな深い落とし穴が待ち構えているとは、そのときの私は思ってもみなかったのです。

3　戦後二番目の経済事犯に巻き込まれ、倒産する

当時の業界内では、私の評判は「若いのに生意気だ。でも、よう仕事はやるよな」といったものだったと思います。

ダクト工事業は順調そのものでしたから、実際、私は調子に乗っていました。やること為すことすべてが上手くいくので、それを「自分の力だ」と知らず知らずのうちに慢心していたのです。

当時はバブルで土地の値が急激に上がり始めた頃でした。そんなとき、友人からの誘いもあって、私は土地売買に手を出しました。

銀行からも「お金を使ってください」といとも簡単に一億、二億と融資してくれるような時代です。それで上手い話に乗ってしまったわけですが、これが私の人生

を一気に転落させることになったのです。

万博が終わると、少しずつ大阪の景気も悪くなっていきました。ほどなく、昭和四十八年に日本全土にある事件が起きました。いや、日本どころか、世界全体を激震させる途方もない規模の経済危機が起きたのです。

そう、「オイルショック」です。

トイレットペーパーがなくなったことで一般の人にも大きな影響を与えた事件なので、今でも、当時のことを覚えている人はいるかもしれません。

原油価格の高騰に、私の会社はもろに影響を受けてしまいました。鉄板、木材などあらゆる物が急激に値上がりしたからです。とりわけ、本業のダクト工事業の材料となる鉄板の値上がりで、請け負った工事が全部赤字で埋没してしまいました。

請負業者は、請けた金額で仕事を終わらさなくてはなりません。一億円で仕事を請け負えば、材料費で赤字が出ても、その額で仕事を終わらさなくてはならないのです。それで、たいへん苦しいことになりました。

大阪だけではなく、日本中でたくさんの業者が倒産しました。私の会社も、初めて銀行に借金をお願いすることになりました。

このとき、経営者としてしっかり腰を落ち着けて、今後の経営戦略を考えれば良かったのです。ところが、これまであまりに順風満帆できてしまったために、私にはそれができませんでした。結果的に、思い上がって手を出した土地の売買も最後は売れ損ね、一億円の個人的な借金を抱えることになったのです。

悪いことは続きます。

その時、知り合いの友人から、こんな甘い話が持ちかけられました。

「杉本さん、大変でしょう。お察し致します。私の知っているある企業のグループに参加しませんか？　金のことは一切心配せんでもいいですよ」

紹介されたグループ企業は、「日本リザーブ（株）」とあり、中には公明党の国会議員二名の名前とアントニオ猪木が参加者として記載されていました。金策に困っていたこともあってそれだけで信用してしまい、グループ企業そのものを調べもせずに了解してしまったのです。

いろいろと経済的に上手くいかない時期だったので、何とか流れを変えたい、一気に取り返したい、と私の中に焦りや、欲のようなものもありました。

一瞬の決断で、人生が変わってしまうことがある——それを私は思い知らされることになったのです。

ほどなく、何かおかしい、と感じ始めました。

グループには十社が加入していたのですが、どの会社も赤字経営だったのです。売り上げが少ないのに不足なく金を支払いしてくれることが不思議でなりませんでした。調べてみると、企業同士の手形割引で金を作る、悪質な銀行操作をしているとんでもない詐欺グループだとわかったのです。これは駄目だと思ったときは、すでに手遅れでした。

グループ全体の負債が二十億円。そのグループの中では、私名義の手形が勝手に乱発されていました。結果、杉本工作所は五億三千六百万円の負債で不渡りを出してしまい、あえなく倒産してしまったのです。

忘れもしません。悪夢の昭和五十三年八月二十六日、午後三時のことでした。

倒産からわずか三日目で、工場はすべて更地にされてしまいました。

十五歳で丁稚奉公に出てから二十七年かけて、コツコツと頑張って必死に積み上げてきた自分の城が、あっという間に、砂上の楼閣のごとくこの世から消え去ってしまったのです。何もなくなった更地を目の前にして呆然と突っ立った私は、人生の無常を悟りました。

当時、この大がかりな詐欺事件は、戦後二番目の経済事犯として大きく新聞に報道されました。騙《だま》した相手の企業グループ会社の詐欺として有罪判決が下り、首謀者は逮捕されました。しかし、お金はもちろん返ってきません。

自分の欲と甘さに打ちのめされ、恥じることになりました。

お金だけではなく、お客様や社員たち、人間的な信用を失うことが何よりショックなことでした。まさに四十二歳の厄年に、奈落の底に落ちてしまったのです。

しかし、いつまでも打ちのめされているわけにもいきません。自分の甘さと弱さ、思い上がりを自覚したのち、私の中に生命力が湧き上がってきました。

「こんなことで終わってなるものか！　必ず復帰してみせる！」

と決意し、一人、身を奮い立たせました。

絶体絶命の窮地に陥ったからこそ、裸になった自分の中に、欲得とは別の生きるエネルギーが湧いてきたのです。

これは日々の信心によって生じたものであることに疑いはありませんでした。

第7章

「人の悦び」を目的にする

1　中小企業では前例のない五億円の損金処理

自分の甘さと油断で会社を倒産させてしまった私は、一からの再出発の道を歩み出すことになりました。

倒産したからといって、社会から逃げ出すわけにはいきません。下請けチームには、当時、工場にあった最新の機械や材料、自動車などをすべて無償で譲渡して、「これで独立してほしい」と解散を宣言し、経営者としてお詫《わ》びしました。これ以上、彼らの仕事や生活に迷惑をかけるわけにはいかなかったからです。

このままでは、会社の所有地も詐欺会社のものとして処分されてしまうところでした。ところが、二回目の不渡りが出る三日前に、信じられないことが起こりました。事情を知った堺の某建築会社の社長が声をかけてくれたのです。
「杉本さん、たいへんやろ。ちょっと安くてもよければ土地買《こ》うたろか」
一千六百平方メートルの工場がある土地を、グループ倒産の前日に相場価格の半額九千五百万円で買い取ってくれたのです。しかも、不渡りが出る三時間前に、小切手ではなく、トランクで現金を持ってきてくれたのでした。

まさに「人生はドラマ！」と感じた瞬間でした。
救われました。この現金で、関係先に借りていたお金をすべて返すことができたからです。

さらには別会社「有限会社新生工業」を創立して、当時請け負っていた未完成の工事をすべて最後まで完了させることもできたのです。

負債の五億三千六百万円のうち、三千六百万円は正規の支払先です。二十六社の取引先に一軒一軒足を運び、事情を説明して頭を下げました。

結果、二年で完済できたのです。

このときに逃げることなく誠実に対応して借金を全額返済したことが、のちに新しい会社で出発するときの、私の社会的信用となってくれたのです。

残る五億円の支払先は、銀行でした。手形割引で融資した銀行が、詐欺事件の最後の被害者となったのです。

倒産して二か月目、取引先の三和銀行の副頭取から、こんな連絡がありました。

「本店に資料（会社の預金・個人の預金・個人所有の家の権利書）を持ってくるように」

約定書があったので、会社の資産も個人の資産もすべて借金のかたちになっていたのです。

当時、私の家は住之江区東加賀屋にあり、板金工場を改築したものでした。一階は地域のために、学会の座談会会場として開放していました。

多くの人の悦びのために、貢献させていただいた会場です。銀行から家の権利書まで持ってくるように言われたわけですから、当然、住んでいる家（会場）まで取られてしまうかもしれません。銀行の損金五億円は、預金から家から、全部取られても足りない額なのです。

連絡があった夜、私は朝まで必死で唱題・祈願しました。

「地域のために、この会場だけは残してほしい」

自分たちの住む場所というよりも、皆が集まり、楽しんでくれているこの会場を守りたい、という一心でした。

翌日、権利書と預金通帳を持って三和銀行本店に行き、副頭取に面会しました。これですべて取られたなら、それは仕方ない、と思いながら……。

すると副頭取から、思いもかけない言葉をもらったのです。

「この度の事件はうちの銀行も大変やったけど、杉本さんも大変でしたね。グループに騙されて。今回はいろいろとこちらで協議させていただきました。あなたはまだ若いから、もういっぺん立ち直って、また、うちと取引しようや。会社の定期預金はもらうけど、あんたとこの五億円は損金処理させてもらうわ」

そう言って、個人預金の通帳と家の権利書を返却してくれたのです。

「損金処理」の意味が理解できず、しばらく呆然としていました。そんな言葉を初めて耳にしたからです。

簡単に説明してもらったところ、驚くべきことに「あなたの五億円の借金はなくなった」ということでした。

そう、私の個人資産は守られたのです。預金通帳も、家も、会場も……。

中小企業では前例のない、五億円の損金処理でした。

不思議な銀行の対応でした。まさに仏様が自分のことを守ってくれたような気持ちでした。説明され、借金がなくなったことがわかったときに、感動と同時に自分の中で誓ったのは、次の言葉でした。

「あとの人生は、お金を追いかける仕事ではなく、世のため、人の喜びのために働こう。恩返しの気持ちで、感謝の気持ちを忘れずに生きていこう」

この絶体絶命の窮地に陥った事件は、私の人生観や、考え方を大きく変化させることになりました。それがのちに、鳥害対策の仕事へとつながっていったのです。

そしてまた、**「地域のために、この会場だけは残してほしい」という祈りと願いが叶ったことで、題目の凄さと素晴らしさを身体で知ることになりました。**

一生涯、先生の弟子として報恩感謝の想いを貫き通そう！

この会場は、五十年以上が経った今も、地域の悦びの場として存在しています。

あとで調べてわかったのですが、**この巨額の損金処理は、中小企業では戦後初めての事例でした。**

正に、奇跡と言える出来事でした。

2　池田先生から名称をいただいた「鮎メンバー」

自宅と個人預金が若干残ったとはいえ、すぐに再起できたわけではありません。

一旦、流れのどん底に落ちた私の人生は、新たな波に乗るまで、しばらく忍耐と雌伏のときを過ごすことになりました。この時期に慢心していた自分と向き合い、学会の活動に真摯《しんし》に打ち込むことで、新たな人生の土台を作っていたのです。

会社を倒産させてしまった私は、昭和五十三年十月に学会の役職を解任されます。転輪会だけ、「再起のために」と当時の西口総関西長から保留されました。

また、経営していた妻が心労で病気になったことから、「とり杉」を開業して二年で閉店し、店舗改造の上、ケンタッキーフライドチキン（三菱商事）と賃貸契約をしました。このとき「有限会社・杉商工」に改称。代表取締役には妻が就任しました。

当時の私にとっては事業の撤退と感じていましたが、この賃貸契約が、のちに今も私の生活を支える高額で安定した家賃収入という大きな実りをもたらすのです。これもまた、神仏の導きだったと感じています。

そんな中、私の心に感動と希望を与えてくれた、鮮やかな思い出の一日があります。

昭和五十四年七月十七日、創価学会の「大阪大会記念日」のことでした。この日に行われる大会が、東京・立川文化会館で行われることになりました。

記念日のイベントに何をするべきか、関西転輪会のメンバー五人（西淀川の久保一夫、門真の山崎博、泉州の辻阪春男、西大阪の平井三男と私、杉本博昭）が集まり、協議しました。その際、私が「元気いっぱいの鮎《あゆ》をお届けしては」と提案したのです。

夏は、鮎の旬の季節です。まさに生命の象徴です。生き生きした鮎をお持ちすれば、きっと、先生も喜んでくれるに違いありません。

皆、「それはいい！」と賛同してくれました。

そこでこの日午後十二時十分に合わせて、池田先生に「関西の想い」としてお届けさせていただく、と決まりました。

前日に鮎の産地でもある奈良県吉野川地域に全員で足を運び、元気な鮎種を購入しました。水槽は久保氏と山崎氏が用意して車で出発。残りの三人で鮎十八匹×六袋に小分けして、近鉄の吉野駅から京都駅へ行き、新幹線で乗り換えて東京に搬送することになりました。

ところが、鮎の入った大きなビニール袋（六十センチ）の持ち込みには、京都駅の助役からストップがかかったのです。三人がそれぞれに鮎が泳いでいる大きなビニール袋を二つずつ抱えて乗り込もうとしていたのですから、目立ったのでしょう。向こうもどうしていいかわからない様子でした。

助役に対して私がかけ合っている最中、「あなたら、先に行きなはれ」と辻阪氏と平井氏に言って、私が交渉を続けました。それで一列車見送ってから、私も東京駅まで行くことができました。

「先生の元に、何とか無事に鮎をお届けしたい」

この想いが先行した非常識な行動でしたが、迎えに来ていただいた車に三人が、鮎の入ったビニール袋と無事に乗車することができました。

立川文化会館に十一時三十分に到着すると、池田先生がお待ちでした。

持参した水槽をロビーに設置し、搬送した鮎百八匹を泳がせました。先生からは「見事だね、ありがとうよ」とお声をかけていただきました。

会館のロビーで、事前に届いた中部地方のお祝い赤飯を、先生を囲んで五人のメンバー全員でいただくことになりました。

そんな中、先生はカップでコーヒーを飲まれていました。その様をじっと見ていた私たちの一人の顔を見て先生が「あっ、飲みたいのか」と言われました。そしてそのままコーヒーカップをメンバーで回し飲みさせていただきました。忘れることのない、感動の一瞬でした。

食後、目の前でお書きになってくださったのが、この詞《ことば》でした。

「忘れまじ　五人の友の　晴れの顔」

メンバー五人には「鮎メンバー」と名称までいただけることになりました。以来、先生の亡くなる翌年まで、毎年七月十七日は「鮎メンバー」として誉れと感謝のつながりを続けさせていただきました。

学会のメンバーや、尊敬する先生とのつながりによって、私の心は人生の次の波に乗る準備ができつつあったのです。

3 副業の焼き鳥屋がのちに、大きな財産に

副業の一つであった「とり杉」は、会社の倒産前の最も勢いに乗っていた時期に、別業種もやってみたい、というちょっとした気持ちで始めた焼き鳥屋です。昭和五十二年に玉出交差点の角地を買い取り、別会社を設立して開店しました。

十二坪の狭い土地ですが、三角形の角地で間口が広く、地下鉄とバス停の前とい

う好適地でした。二人の板場さんと五人のバイトさん、それに現金商売ですからマネージャーをお願いした妻の俊子でスタートしました。初日から一日の売上十五万円と好成績で、立地の良さや味が評判になって、安定した売り上げを続けました。

唯一、失敗したな、と思ったのは店の名前です。真っ赤な看板に「とり杉」と掲げていたのですが、あるとき、酔っ払ったお客さんから「この店、取りすぎか」と言われてしまったのです。しまった、と思いました。こうした些細《ささい》なことが、店で働く人間にはストレスになるものです。

詐欺事件に巻き込まれて会社が倒産するという厳しい状況の中、慣れない飲食店の仕事に頑張っていた妻の俊子は神経を使い過ぎて、子宮筋腫と胃潰瘍になって入院してしまいました。大手術を受けることになったのです。私には毎日、妻を見舞い、信心することしかできませんでした。

俊子が病気になれば、焼き鳥屋は続けられないので、店を閉じることにしました。しかし、ちょうどその時期、私は選挙活動に没頭しているところでした。住之江区の市会議員の候補者である上野節夫さんと共に、区の選挙対策責任者として活動していたのです。

病院に妻を見舞いつつ、朝早くから夜の八時まで選挙活動のために唱題し、懸命に走り抜く日々。当然、閉店した店を売る暇もなく、そのまま放ったらかしにしていたのです。

ところが、忙しさのあまり閉じたまま放っておいた「とり杉」の店舗の場所があまりに好適地だったので目立ち過ぎ、その間に「売ってくれ」「貸してくれ」とマクドナルドやローソン、くら寿司、ケンタッキー・フライドチキンなど有名チェーン点から問い合わせが殺到しました。

私のほうは「すべては選挙が終わってから」と決めていたので、無反応で終始していました。すると先方は「まだ評価が低いのか」と判断したらしく、どんどん場所の評価を上げて、競争するように価格が吊《つ》り上がっていくことになったのです。

結果、当時最も評価の高かったケンタッキー・フライドチキンと契約しました。

しかも、設備を残しての賃貸契約となったので、年間八百五十万円の高額での契約成立となったのです。今でも、この賃貸収入は私の生活を支えてくれています。

上野節夫さんは、住之江区の中の一番で当選しました。

広布のために闘った結果は、功徳の証しとして皆、見事に残るものです。

4 ダクト工事業へ事業転換

前述したとおり、倒産後に借金返済のために作った「有限会社新生工業」で、顧客に迷惑がないようにすべての工事を済ませ、昭和五十五年、三千六百万円の借金を完済しました。

請負業者はどんな状態であっても、仕事を放棄してしまっては失格です。それを痛感して知っていたので、残務整理も完了しました。そのおかげで、それまで取引してきた会社と今でもお付き合いがあるのです。

ただ、狭い工場では、従来のダクト工事業を続けるのは至難でした。大きな仕事を引き受けることはできません。

そんなとき、当時の日経新聞でイギリスのダクト清掃の新技術「ダクト清掃・ＡＣＢＡシステム」が日本に上陸したのを知ったのです。詳細を読んでいくと、これまでにない、まったく新しいダクトクリーニングの工法だとわかりました。

「これだ！」と閃きました。

ダクトを一から作るのではないクリーニングなら、大きな工場もいりません。しかも、これまでにない画期的な工法です。ダクトについてはプロですし、ダクト清掃業は絶対に需要があるのはわかっていました。

早速、東京の事業元「日本ウイントン」を訪問して、技術を学び、習得しました。

そして大阪府内のフランチャイズの販売権の権利取得を申し入れたのですが、「倒産後の企業」ということで、拒否されてしまったのです。いくら交渉しても、つれない返事があるばかりでした。

しかし、私は諦めませんでした。紆余曲折《うよきょくせつ》あったとはいえ、事業家としてここまでやってこれたのも自分の閃きと情熱に耳を傾け、信じ、前に前にと突き進んできたからです。信心をしてからというもの、この自分の中のエネルギーは増し、熱意と真剣さがあれば、奇跡が起きることも実感していました。しかも、一度挫折して、すべてを失いかけ、それでも助けられてきた私です。もう、恐いものはありませんでした。

「空調ダクトの中身については、どこよりも知見があります。ぜひこの仕事を任せてください」と私は執念で食い下がりました。

「それでは検討します」という返事をかろうじていただいて、大阪に帰りました。

私は会社の経歴に関しては、詐欺グループに騙されて倒産したことや、その後、借金を完済したことも含めて、すべてありのままを書いていました。知り合いの中には、「そんなこと書く必要ない」と忠告してくれる人もいましたが、どうせ嘘を吐いてもいずれわかることです。だとしたら最初から開き直って、ありのままを見てもらおう、と真実をすべて書いたのです。これは勝負でした。

経歴を見て、だめと言われるかもしれないな、という気持ちも正直ありました。でも、それならそれで、仕方ありません。

一週間後、先方から電話がありました。

「杉本さん、ぜひお会いしたいので、大阪に行きます」

新大阪駅での待ち合わせでした。そのとき、私は足を怪我していて、杖を突きながら駅に行きました。担当者と会って話を聞くと、案の定、会社では私のところに任せるか議論になっていたそうです。ほかにも、大手の業者からの申し出があり、普通ならそちらに決まっていたでしょう。

決め手となったのは、次の二つということでした。

仕事に明るい。

嘘がないから、信頼できる。

それで、「大阪の杉本さんに任そうじゃないか」ということで、話の決着が着いたのだそうです。これまでの実績だけではなく、私が包み隠さずに倒産や、借金返済の経歴を書いたことが評価されたのです。

しかも、倒産後の会社ということで、こんな有り難い申し出までしてくれました。

「杉本さん、倒産後だからお金がないでしょう？　販売権利の額を半分にしてあげましょう」

こうやって、奇跡的にも大阪のダクトクリーニングのフランチャイズの権利を手に入れることができたのです。

昭和五十八年四月、フランチャイズである「大阪ウイントン株式会社」を発足しました。

資本金は一千万円。代表取締役に私が就任しました。「ウイントン」というのは、この清掃技術を開発した「ウイントン・ラボラトリー」という名前から取ったものです。世界特許の仕事です。

このときに、さらに嬉しいことがありました。当時、大阪の芸大の三回生だった長男昭一が、こんなことを言ってきたのです。

「外国の仕事だから、英語出てきたら親父わからんやろ。わし、手伝うてあげる」

「いいから大学行け。卒業せい」

と私は言いました。

「かまへん」と長男は言いました。「大学は受かったし、親父の仕事手伝うよ」

それで中途退学して共に働いてくれることになりました。

倒産から五年が経ち、ついに新しい事業の出発です。

しかし、この新しいクリーニング技術の有効性を説明し、企業に売り込まなくては仕事は入ってきません。

大阪のトップ企業――関西電力や大阪ガスなどをはじめとする大手企業を二年間かけて、息子と二人で七百社近くを営業に走り回りました。来る日も来る日も、商品を説明するための8ミリの映写機を親子で担ぎながら、企業回りをしたのです。

昭和59年５月10日　銀婚式　杉本博昭＆俊子

待っていても、仕事はありません。午前中にアポイントを取って、一日に二社、三社と根気強く訪問営業を続けました。

ところが、まったく仕事の依頼が入ってこないのです。

「お父さん、あかんね、答えがないで」ある日、息子が落ち込んで言いました。

「もうやめとくか？」

「そんなことはない。蒔《ま》いた種は間違いなく咲くから、見ときや」

私は内心、息子と同じ気持ちでいましたが、自分を鼓舞するように答えました。

ほどなく、大阪の大手の会社から仕事が舞い込みました。そのときは、息子と二人で万歳したことを覚えています。

それから、次から次へと仕事が舞い込み始めました。ダクト工事で得た知識を活かすことで他社よりも有利にもなり、大繁盛したのです。

良いことも、悪いことも、嬉しかったことも、苦しかったことも、これまでの経験は決して無駄にはなりませんでした。紆余曲折ありましたが、苦難を乗り越え、新しい花を咲かせることができたのです。

第8章

バードストッパー

1　鳥類飛来防止器具の発明

大阪市内のトップ企業からの注文を受けて、ビルのダクト清掃をしている中、困ったことに出くわすようになりました。

それはビルの屋上に設置された空調施設の周辺に発生する鳩《はと》の糞《ふん》や羽根によるトラブルです。煩わしいこの被害に顧客から、「何とかしてや」の依頼が度々入りました。

私たちの会社はダクト清掃の専門業者です。にもかかわらず、その度、料金はもらわずにサービス精神で清掃をしていました。水を流し、モップで拭いて、辺り一帯をきれいに清掃していました。ところが、ものの一週間もしないうちにもとの状況に戻ってしまいます。せっかくのサービスもふいになってしまうのです。

サービスでやっていたことですから、最初から「専門外です」と断ることもできました。また、仮にサービスを続けても上手くいかなかったら、「専門の業者に頼んでください」と、そこで手を引くのが普通でしょう。

しかし、前の会社を倒産させて以来、「お客様に悦ばれる仕事をしたい」という一心で新事業を始めた私は、「このトラブルを何とかしてやりたい」と思うようになっていたのです。

まずは、当時の鳥害対策の器具を調べ、一通り実践してみました。とりもちのようなものを付けたり、いろいろやりましたが、現場で使えるほど効果的だと感じられるものは、残念ながら見つけることができませんでした。

ここで、私の職人魂に火が点きました。一つのことに取り組み始めたら、途中で投げ出すことができない質《たち》なのです。

鳥害対策の器具がないいんなら、自分で作ればいいいんや！

まずは鳩の習性について調べる必要がありました。敵を知らなくては、対処の仕様もありません。

そこで新たな対策を求めて、当時、中之島にあった大阪府立中央図書館に弁当を持参して、通いました。鳥や鳩に関する、いろいろな本を読みあさりました。そして三日目にヒントを発見したのです。

それはアメリカのマサチューセッツ工科大学の学者Ａ・ウォルコット博士の論文「鳩は磁気で飛来する」でした。

「鳥には生物磁気（マグネタイト）があり、地球の地磁気を読んで飛んでいる」と書いてありました。当時の常識は太陽で方角を感知して飛ぶ「太陽コンパス説」でしたが、曇りや、夜でも鳥は飛びます。「地磁気説」を唱えたこの革命的な論文には、納得するものがありました。

現代ではわかっていることですが、鳩の体内には、磁気を読み取る器官があり、鳩が遠くから同じ巣に帰ってくることができるのは、この磁気を利用して帰る方角を感知していたからなのです。

また、鳥は自身の生物磁気の範囲を超えた強い磁気に出合うと、本能的にその場所を忌避する傾向もある、と書いてありました。

「これだ!」と閃きました。

磁気というのは磁石のことやな、と私は理解しました。磁気に敏感な鳩なら、強力な磁石を置けば、そこに近寄ってこないのでは、と考えたのです。

早速、強力な永久磁石を購入して、実験を開始しました。

公園や、歩道橋などに餌を撒き、鳩を集めてのテストです。磁石を置いて、かたずを飲んで見守りました。ところが、何の効果もありません。鳩は磁石の側でもまったく逃げることなく、周囲を平然と歩いているのです。

「おかしいな、あの論文は嘘やったのかな?」と私はがっかりして思いました。

それでも、私は諦めませんでした。何度もシチュエーションや、磁石を置く場所を変えるなどして実験を繰り返しました。どうしても、結果を出したかったし、いずれ何かの出口はある、という予感があったのです。

実験を始めて二か月目のことです。

ある高さで磁石を近づけると鳩が皆一斉に逃げることが判明しました。鳩は磁石のある設置場所に近づくと、〝豆鉄砲〟ならぬ〝磁気鉄砲〟を食らい、驚いて逃げていったのです。

「やった、成功だ！」私は一人、興奮しました。

鳩が磁気を感じる器官が身体のどこにあるか、それを現場で何度も実験することで、発見したのです。足元に磁石を置いても全然反応はありませんでした。ところが、ある位置（企業秘密です）に持っていくと、ピピッと感じて、逃げていくのです。

カラスは磁気を感じる位置が鳩とは異なる、ということもわかりました。鳥の種類によって、磁気を感じる場所が違うのです。スズメやムクドリは生物磁気をもっていないので効果はありません。カモや、カモメなどには効きました。渡り鳥は磁気を持っているので、強力な磁場を避けることもわかりました。

それから装置を完成させるまでにさらに二年間、試行錯誤を重ねました。

その間は、仕事の傍ら、寝ても覚めても、鳥のことばかり考えるようになっていました。寝ているときも、アイデアが閃いたらパッと寝床から飛び起きて、ノートに書き込み、現場で実践する——そんなことを繰り返すような日々でした。

そしてついに、永久磁石を二十五センチ間隔で線上に並べて磁場のトンネルを作り、バリア内に鳩が入れなくするチェーンタイプの鳥類飛来防止装置を開発したのです。

人体にも無害で、電波障害もなく、鳩の命も奪いません。

世界で初めて、絶対的な効果のある「鳥類飛来防止器具」を私が発明したのです。

もちろん、鳥によって磁気を感じる高さは違うこともわかったので、それぞれの鳥専門の装置も開発することにしました。

二年の間に、設置場所に応じた施工法の研究にも、全力を挙げていました。図書館に通い、様々な鳥の生態も勉強し、商品開発から施工まで、一通りできる、という自信を身に付けました。

そこでようやく、昭和六十三年、世界で初の磁気応用の「鳥類飛来防止器具・チェーンタイプ」を商品として特許申請しました。

より専門的に言うと、この鳥類飛来防止器具は、鳥類自身が持っている生物磁気（マグネタイト）に作用する磁気技術を活用したものです。

地球の磁気を感じて飛ぶ鳥は体内に０・０５ガウス程度の磁気を持ちます。この数倍の磁気帯を施設周辺に張り巡らすことで、鳥が本能的にその場所を避けるようになる、という仕組みです。しかも、永久磁石を組み込んでいるため、半永久的な使用にも耐えられるのです。

仕事でのトラブルがきっかけでしたが、「顧客が困っていることを解決したい」という一心から鳥害対策の装置を開発し、それが私の事業家としてのさらなる飛躍につながったのです。

2　JRで認められたバードストッパーの威力

「鳥類飛来防止器具・チェーンタイプ」は、初めは「ハトコン」という名前で商品化しました。「ハト来《こ》ん」——鳩が来ないことを願っての関西弁由来の命名です。

最初の仕事は、鳩の糞に困っていた豊中の神社でした。しかし、相手は生き物。初めて施工したときは、「鳩よ、帰ってくるな！」と祈ったものです。

もちろん、鳩は帰ってきませんでした。鳩を傷付けずに追い払うとあって、愛鳥家や、動物愛護家からも「ハトコン」は高く評価されました。

お客様のため、鳥害を防ぐための講習も行うようになりました。建設会社のセミナーなどで、鳩の習性を語り、鳩の寄り付きにくい建物の色、角度などをアドバイスしたのです。一見、自分の会社にとってはマイナスに見えるこの情報提供が、逆にお客様からの信頼を勝ち取ることになりました。建物の設計段階で、「ハトコン」の設置が組み入れられるようになっていったのです。

「責任施工」を謳《うた》い文句に、「異常はないか」我が社で施工した装置を見回りました。おかげで施工後の苦情は一件もなく、「鳩が来なくなった」と感謝と悦びの声を頻繁にいただくようになりました。

施工からアフターフォロー、講習までする、鳥害対策では全国でも唯一無二の会社が誕生したのです。

評判が評判を呼び、受注がどんどん増えていきました。もはや、営業をする必要はありませんでした。

「現場でのいい仕事こそ、最高の営業」だとわかったのです。

四年後には装置に改良を加え、商品名も「バードストッパー」に変更しました。

同時に会社名も関西エスシー（株）から、株式会社バードストッパーに変更。

その後、ＪＲとの出会いが、バードストッパーを全国区に躍進させる大きなチャンスとなりました。

最初にプラットホームに設置した阪急電鉄で効果があったことがきっかけになり、当時の国鉄・大阪・在来線のうち、鳩被害の多い環状線寺田町駅で、他商品と比較されるプレゼンの機会をもらったのです。

内回りホームには我が社が「ハトコン」を設置し、外回りには他社が取りもち状の装置で対策する、という勝負になりました。

結果は、一目瞭然でした。

我が社の受け持ったホームには、鳩は一羽も来なかったのです。


この実験結果から、ＪＲの各駅から依頼が殺到しました。新幹線京都駅、新潟駅、長野駅、新鳥栖駅等、ＪＲのホーム駅舎、プラットホーム四百か所に施工・設置。

三十年以上が経った今でも、その効果は健在です。

駅のほか、工場や病院、美術館や学校、マンション、オフィスビル、神社仏閣、下水処理場、高架下などにも有効で、需要がありました。

バードストッパーの評判は、口コミとマスコミに乗り、売上はぐんぐん上昇していきました。気づけば、年間で億を超える事業に発展していたのです。

何しろ、これまで「これ」と言った効果的な鳥害対策はなかったのです。それを解決するオンリーワンの器具ですから、需要があって当然でした。

3　画期的なバードストライク対策の発明

建物の鳥害対策とは別に、もう一つ大きな鳥害対策に取り組むことになりました。

それが「バードストライク」です。

飛行機は、プロペラ機からジェットエンジンに進化することで、より速く、遠くにまで飛べるようになりました。それに伴い、世界の航空事情も変化し、私たちはどの国にも短時間で行くことができるようになったのです。しかし、それと同時に発生した問題が、鳥と飛行機の衝突「バードストライク」でした。

「バードストライク」というのは、主に鳥が航空機に衝突したり、飛行機のエンジンに吸い込まれることです。鳥は、高速で飛行する航空機に衝突すると、大きな衝撃を与えます。これは、航空機の損傷や乗員乗客の怪我、さらには墜落などの重大な事故につながる可能性があります。また、空港周辺で飛行機のエンジンに吸い込まれることで、航空機の飛行能力に大きな影響を与える危険性があります。当然、人命にかかわる事故になり得るのです。

バードストライクは、世界中の空港や飛行場で報告されています。特に、鳥の渡りの時季や、鳥の生息地に近い空港では、バードストライクが発生しやすい傾向があります。この事故のおよそ半分は、滑走中など地上にいるときに発生します。鳥が滑走路に、小虫などの餌を探して飛んでくるためです。

このバードストライク対策の依頼は、最初、中国からありました。たまたま中国の周恩来首相の親戚と知り合いになり、上海の「新浦東空港」の鳥害対策を請け負ったことから、バードストライクも防止できないか、と相談があったのです。

当時は、アメリカのケネディ空港でのバードストライク対策が、唯一の現場でした。早速、アメリカに飛んでその対策を一日中見学して、プロセスを一通り学びました。そこで行われていたのは、生きた鷹《たか》を飛ばして、空港周辺に鳥の飛来を防止する、という大胆な対策でした。

もちろん、生きた鷹を持って帰ることはできません。そこで現場で仕入れた現地の鷹の剝製《はくせい》を購入し、帰国すると、平成九（一九九七）年にプラスチックの実物大ハヤブサの模擬鳥「フライング・ファルコン」の開発に着手しました。

実は、当時の日本の空港でも、その情報を手に入れた航空局で、生きた鷹を飛ばす対策を決行していたのですが、失敗に終わっていました。原因は、日本の生きた鷹は小さかったのです。それで、大きな渡り鳥などには効果がなかったのでした。

かなりの時間と費用をかけて私の開発した「フライング・ファルコン」は、アメリカで購入した向こうの鷹の剝製と同じ大きさです。

翼長は一・三メートル。回転したり、動き回ったりして、目は発光ダイオードで光ります。本体の中にある内蔵スピーカーには、天敵に襲われた三種類の鳥の絶叫音を擬音装置として挿入し、現場で流れる仕組みです。

平成十三（二〇〇一）年、まずは依頼のあった上海の「新浦東空港」にテスト機械として導入されました。結果的に、渡り鳥たちは空港に寄りつかなくなり、見事な成果を収めたのです。その結果を受けて、日本では自衛隊の航空基地や関西空港、中部国際空港でも活躍し、高く評価されました。

この「フライング・ファルコン」は、バードストライクのみならず、鳥害に悩む畜産業からも需要があり、静岡・焼津の水産倉庫や、大阪のあべのルシアスなどにも設置し、有効性が認められました。

また国内の養鶏場で発生した鳥インフルエンザにも、北海道を始め、各地で対策装置として活躍させていただきました。

もう一つ、この「フライング・ファルコン」には「バードストッパー」にない利点がありました。それは、「磁気に反応しない種類の鳥」への対策です。

平成二十二（二〇一〇）年には、松本市の松本駅近くのビル屋上に、夕方に飛来する数千羽ともいわれるムクドリの群れを追い払うため、「フライング・ファルコン」を設置したところ、このビルの屋上には、ムクドリが寄り付かなくなりました。

鳥害対策としては、まったくアプローチの異なる二つ目の装置として様々なお客様の需要に応え、大きく実績を伸ばすことができたのです。

4　お金を追わずに、人の悦びを目的として仕事をする

平成十一（一九九九）年十月、株式会社バードストッパーは、中小企業創造活動

促進法の認定を受けました。クリエイティブな仕事をしている企業だと認定され、新商品開発のための助成金を受けることができるようになったのです。

同じ時期に、依頼されて講演も行いました。第五回・全大阪経営研究集会（大阪府中小企業家同友会主催）が開催した、都ホテル大阪での講演です。

講演のタイトルは「倒産を乗り越え、鳥害駆除のオンリーワン企業へ」。自身の失敗による体験談を元にして、新しい価値を創造するという内容でした。

そこではおよそ、次のようなことについて話しました。

・お金を追わずに、人の悦びを目的として仕事をする
・お金を追いかけると、必ず落とし穴が待っている
・お客様に喜ばれ、感謝されて回ってきたお金は、会社の土台をしっかりと作ってくれるだけではなく、より大きな利益を運んで来てくれる
・他の企業にはない、オンリーワンの武器を見つけ、磨き上げて商品にする

・現場で試行錯誤することで、商品をブラッシュアップする
・お客様の満足のために、ヒアリングとアフターフォローを徹底する

これらの仕事に関する哲学は、今でも十分に通用するものだと思います。それどころか、何でもデジタル的に数字と利益だけで測るビジネスが横行している今だからこそ、必要とされる価値観ではないでしょうか。

とりわけ、自分の武器を見つけ、磨き上げることができれば、どんな時代でも通用する会社を経営することができるはずです。

実際、新会社の売り上げは、右肩上がりに伸びていきました。「バードストッパー」の効果もさることながら、すべて「効果保証」として対応したことが、お客様から信頼される大きな要因となったのです。

いずれの鳥害対策も「効果保証」としたのは、顧客の悦びと納得を大前提としていたからです。

「効果がなければ支払いは結構です」と謳っていました。

もちろん、効果の自信があったからこそ、の対応ですが、このことが顧客の信頼を勝ち得てゆくことにつながったのです。

鳥害対策に困っている人たちの需要に応えていく中で、数々の悦びと感謝の声をいただきました。自分が発明したものが全国の人々の役に立ち、悦んでもらい、仕事になる——こんなに嬉しいことはありませんでした。

「損金処理」のときに誓った「金を追いかける商売ではなく、人の悦びのために」を実現し、実感することができるようになったのでした。

鳥害対策は「買って、買って」と売り込んで営業してゆく商売ではなく、困っている顧客の情報処理から始まる商売です。

お金ではなく、お客様の需要と悦びが先行する仕事なのです。

5　バードストッパーがマスコミに大きく取り上げられる

「バードストッパー」は、マスコミでも大きく取り上げられました。

平成十五（二〇〇三）年十二月に読売新聞の「技あり関西」に「鳥の嫌がる磁気活用の飛来防止装置」の記事が掲載されたのを皮切りに、同年、当時の人気バラエティ番組、毎日テレビの「ちちんぷいぷい」で放送。翌年にはＡＢＣテレビの「おはようコール」、テレビ大阪の「イブニング・サテライト」、読売テレビの「ニュース・スクランブル」などで取り上げられ、ＮＨＫの「ニュース10」でも二回放送されました。

中でも一番大きな反響のある放映となったのが、平成十六（二〇〇四）年九月のＣＮＢＣテレビ放送です。内閣府の取材ニュースとして、「企業家たちの挑戦」で我が社が取り上げられました。その放映をきっかけに大阪市立大学工学部から依頼があり、卒業生を前にして「ベンチャー企業の光と影」の講演をすることにもなったのです。

翌年には、大阪府中小企業家同友会のオンリーワン研究会副代表に就任もし、様々な企業家にアドバイスする立場にもなりました。

また、平成十八（二〇〇六）年四月には、国立東京工業大学の大岡山キャンパスで、「日本磁気学会」より「磁気応用の鳥害対策装置」の題で講演をしました。

数々のテレビ放映や新聞報道の影響があったのかわかりませんが、関係者から海外の展示会へ参加してほしい、というお話がありました。

平成二十（二〇〇八）年二月十七日から二十六日まで、十日間にわたって、ドイツのベルリンメッセで開催された「国際建築専門見本市」に、鳥害対策部門で日本から一社、株式会社バードストッパーが代表として出展することになったのです。

現地では、お陰様で大きな反響を呼びました。

特に、大きな話題となったのが、鷹の模型と疑似音を使った「フライング・ファルコン」でした。

当時のマスコミ、新聞、テレビ、ラジオで評判となるにつれ、どんどん国家的な規模の大きな仕事も舞い込んでくるようになりました。

東京の「首相官邸」をはじめとして、「京セラ大阪ドーム」、「ナゴヤドーム」、「大阪市中央公会堂」、創価学会の大本山「大誓堂」等、大規模であったり、重要な施設・建築物の鳥害対策を任されました。

また海外からもこの商品は需要があり、世界中を飛び回って設置することになりました。ホンダ自動車から紹介があった「イタリア・ミラノの某製粉会社」を皮切りに、「タイ国のプーピンポ国王宮殿」、「韓国の国宝・八角堂」、「中国・上海の浦東空港」等、国内外約六千か所の現場に設置し、その効果は今なお健在です。

タイでは、現地資本で「バードストッパー・タイランド」（バンコク市、タムチャン社長）を発足しました。東南アジアは鳥インフルエンザの脅威が広がっているため、潜在市場が大きいのです。このタイの新会社に対しては鳥類飛来防止装置の技術指導に加え、製品の部材供給をし、受注施工を行いました。

先行受注したタイ王宮の現場は、国王に面会するホールや博物館があるところで、飛来する鳥の糞害に悩まされていました。まず管理棟で、全長百メートルの飛来防止装置を据え付ける工事を開始しました。こうしたタイの事業を機に、海外進出を本格化させていったのです。

これらの仕事は皆、こちらから営業をかけたのではありません。マスメディアで取り上げられたのを見たり、口コミや紹介で知った「バードストッパー」の評判を耳にしたお客様の方から、仕事を依頼してくれるのです。

ところが、新しいヒット商品が世に出ると、必ずコピーが出回ります。つまり、偽物が出てくるのです。これにやられました。

しかし、私の戦略は、現場の施工を人に売るのではなくて、自分たちで工事をすることでした。「バードストッパー」を個別に商品化するのではなく、設置する工事と一緒に売ることにしていたのです（のちに、ベランダなどで個人で設置できる商品も販売しました）。そのほうが、確実な効果が得られるからです。それが偽物との差のひとつです。

偽物は世に出回りましたが、効果がなければ廃れていきます。

結果的に、バードストッパーが残りました。

私たちの会社の商品は確実な効果があり、設置の仕方も工夫しています。鳥の種類等も現地調査したりヒアリングをしたりして、効果が出なければアフターフォローもします。そうやってお客様からの信頼を積み上げ、日本だけではなく世界各地からの要請にも応え、ますます大きな実績を作っていったのです。

6　黒川紀章先生からの依頼

中でも、忘れられない記憶があります。

それは世界的に有名な建築家の黒川紀章先生から直接、ご依頼をお受けした物件
「和歌山県立近代美術館」です。

和歌山城の下に建てられたモダンな近代美術館は、鳩の飛来が多く、すさまじい糞害の場所となっていました。建築したのが大阪ドームで一緒に仕事をした竹中工務店だったことから、平成十一（一九九九）年のあるとき、現場から「鳥害の件で相談したい」と連絡がありました。現場に行くと、発信した人が美術館を設計した、黒川紀章先生だったのです。

「杉本さん、お宅のことは、他からもお聞きしております」と黒川先生はおっしゃ

いました。「この現場の建物の鳥害対策はお宅に任せるので、やってくれますか？最低、十年は責任をもってほしいのですが」

「わかりました。責任をもって対応させていただきます」

私は答え、全館の鳥害対策をお受けしたのです。

和歌山県立近代美術館は、道を挟んで眼前にある和歌山城と美しいコントラストをなしているモダンな建築物です。鉄筋コンクリートの現代的な建築ながら、重なり合う庇《ひさし》や巨大な灯籠等、日本の伝統的な建築を思わせる要素が取り入れられています。

黒川先生が長年提唱してきたコンセプトの一つ「共生」が活かされ、池や滝が配されている広々とした敷地には熊野古道をイメージした散策路がめぐらされています。

この美しい美術館を鳩の糞害から守りたい。しかし、生き物である鳩を害したくはない。黒川先生はそんなお気持ちだったと思います。自然との共生を大事にされていた先生だったからこそ、鳩の命を奪うことなく鳥害を防止する、私の会社の商品に目を付けられたのだと思います。

仕事でも、プライベートでも、人と人の出会いというものは、自分の波長と近い人とつながり、縁を持つようにできているものです。

私自身、鳥を殺傷することなく、あくまでも「飛来防止」を目的に共生、共存を念願に活動してきました。鳥害対策のオンリーワン企業を目指しながらも、日本野鳥の会の会員でもあったのはそのためです。

施工後二十五年経過しましたが、飛来防止効果は現在も健在です。

黒川紀章先生は亡くなりましたが、約束を果たせたことは嬉しくもあり、責任を伴う実績の一つにもなりました。

7　鳥害対策の実績

これまでに鳥害対策の依頼を受けた中で、印象に残っている現場を改めて整理して挙げてみます。以下の仕事は、いずれも大阪ウイントン（株）バードストッパーの代表として私が在籍していた時期のものです。

1. 二〇〇一年、中国、上海・新浦東国際空港でＦＦ（フライング・ファルコン）タイプのテスト導入！

2. 新首相官邸の建設時、某大手ゼネコンから建屋全体の鳥害対策の施工を依頼され、「チェーンタイプ」を設置

3. 和歌山城跡に建築された「和歌山県立近代美術館」の鳥害対策について、有名な設計士・黒川紀章先生と直接協議、「チェーンタイプ」を指定され、一任される。建築は某大手ゼネコンが協議に同席、協賛される

4. イタリア・ミラノで、現地のホンダ自動車の紹介で、某大手製粉工場の鳥害対策に「チェーンタイプ」を設置。大好評を受ける

5. タイ国プーピンポ国王宮殿の管理等で「チェーンタイプ」の設置を指定され、現地のバンコクテレビで放映される（現地・百貨店の商品販売に連動）

6. 関西空港の第2施設の鳥害対策にＦＦタイプＳＳ型の設置を請ける

7. 新幹線・京都駅プラットホームの鳥害対策にＪＲから「チェーンタイプ」の指定を請ける

8. タイ国、ラチャブリ火力発電所の鳥害対策にＦＦタイプ導入

9. 大阪ドーム（現在の京セラ大阪ドーム）の建築時に某大手ゼネコンから、ドーム全体鳥害対策に「チェーンタイプ」を指定される（二十八年経過するも健在）

10. 韓国の国宝級建物「八角堂」の鳥類飛来防止に「チェーンタイプ」を指定される

11. 大阪市中央公会堂の「１００年先の大改造」で某大手ゼネコンから鳥害対策の

指定を請ける

12. 九州新幹線・新鳥栖駅の鳥害対策に、某大手ゼネコンから指定を請ける

13. 二〇〇八年二月十七日から二十六日までドイツ・ベルリンメッセで開催された「国際建築見本市」に鳥害対策の部門で日本から1社、選抜されて出展する（ボールタイプ、FFタイプ、チェーンタイプ、ストロボタイプ等）

14. 創価学会本部「大誓堂」の鳥害対策（鳩、カラス）に、学会本部から「チェーンタイプ」の指定を請ける

第9章

悲劇を乗り越え、世のため、人のために

1　息子たちの早世と最愛の母との別れ

平成九（一九九七）年、成功した鳥害対策の開発装置や器具とダクト清掃の「ACVAシステム」を含め、大阪ウイントン株式会社に譲渡しました。それに伴い、住之江区浜口に新社屋を建設しました。増資二千万円。空調部門、鳥害対策の二部門で基盤を確立しました。

私個人は、株式会社バードストッパーで、鳥害対策専門の商品の開発・販売をメインにした会社を経営することにしたのです。

私が退いたのち、大阪ウイントンの最初の社長は、私を二十年間バックアップしてくれた本部長に就いてもらいました。この会社には四人の息子たちが働いていたのですが、世襲ではなく、まずは実力のある人間に任せたのです。

その後、息子たちが力を付けてから、会社を任せることにしました。

社長に次男、専務に長男、三男を工事部長に命名しました。気の優しい長男は、トップに向かないと判断し、ナンバー2にしたのです。

ところが、その私の判断に誤りがあったのか、たいへん悲しい結末になってしまいました。兄弟間で揉《も》め事や意見の相違が生じ、優しい気性の長男が負けて、自殺に追いやられてしまったのです。

まだ働き盛りの五十二歳でした。もちろん、結婚し、家庭もある身です。私にとってはあまりにもショッキングな出来事でした。

長男の妻から原因を聞き取り、その経緯を知ることができました。

それはダクト清掃部門を担当していた長男が、中国上海で某ビルのダクトクリーニングの仕事を得たときに、その努力を無にされたことが大きな原因となったようでした。繊細で真面目な長男は、仕事の軋轢《あつれき》に耐えることができなかったのでしょう。

もともと大学を辞めてまで父親の新しい仕事を手伝ってくれたような優しい男です。いつも自分のことは二の次で、人のために生きていくような人間でした。しかし、ビジネスの第一線で生きていくには、あまりにも優しすぎ、繊細すぎる性格の持ち主でもありました。

会社のトップというのは、リーダーシップや、決断力、大きな責任も問われます。仮に、彼を社長に据えたところで、会社経営が上手くいくとは思えなかったのです。いずれにしても会社を全部、息子たちに譲渡した私にとっては、社内のことまで関与できなかったことや、息子たちのそれぞれの悩みに気づくことができなかったこと、相談を受けることができなかったことが、今も大きな悔いとして残っています。

私自身、自分の仕事に一所懸命になると無我夢中になり、周りが見えなくなる質です。また仕事というのは、一度任せたからには手出し口出しするものではない、という気持ちもありました。息子たちとはいえ、皆、一人前の大人で、一人ひとり責任のある立場です。創業者が介入することは、決していいことではありません。しかし、やはりもう少し目配り、気配りしてやるべきだった、と思うのです。

平成二十二（二〇一〇）年、三男も四十五歳で自殺しています。三男もとても優しくて、繊細な性格の持ち主でした。

人にはそれぞれの性格もあれば、経験や心の強さ、置かれた環境も違います。事前に相談に乗ってやれなかった親としての後悔がありますが、合わせて九十七歳までは二人への供養と決めて、生き切るつもりです。

今年、令和六（二〇二四）年の三月には、長男の孫の一家と沖縄旅行に行ってきました。優しい長男の血を継いだ孫と曾孫たちとの楽しいひとときを過ごしながら、長男と二人で営業回りをした日々を懐かしく思い出しました。仕事の依頼の連絡があったとき、二人で万歳したことを……。

この新会社を設立した年には、七月七日に母の杉本アイが亡くなりました。

八十一歳でした。

母は、住之江区で惣菜店「おばこ」を経営していました。戦時中、B29の爆弾の雨の中を母と二人で必死に逃げたことを思い出します。

防空壕に転がってきた不発弾を摑み、外に思い切り投げた母。

食べ物がないときに、必死に働いて、自分を養ってくれた母。

自分のことは二の次で、いつも私にいいものを食べさせようとしてくれた母。

父が病気になり、衰弱していく様を一緒に見舞いに行って、不安と哀しみを共にした母。

すべての光景を思い出すたびに、感謝と懐かしさ、恩しかありません。

のちに、母が再婚してからは母との距離が開いたように思える時期もありましたが、私にとってはたった一人しかいない、自分を産み、育ててくれた親なのです。

いつも心の中では大事に思っていました。

いろいろと苦労をかけましたが、自分の好きなお店を持って、最期まで自立して生きていけたことは、母にとって幸せなことだったと思います。

2　学生たちとの質疑応答

平成十六（二〇〇四）年十一月十六日に大阪市立大学工学部で行われた「ベンチャー企業の光と影・失敗経験談」と題した講演の最後に、学生のみなさんから質問を受けました。そのときのやり取りがＤＶＤに残っています。ここでは、私は自分のこれまでの実体験から答えさせていただいたので、その一部を抜粋して紹介します。

私の挫折と失敗を乗り越えてきた経験や、ビジネスの道に入ってゆく若い人たちへのアドバイスは、これから事業を始めようとする人たちにとって、何かの参考になるかもしれません。

■参加者からの質問1

「これからベンチャー企業を立ち上げるとしたら、どういうところを第一に考えておくのが一番大切だと思いますか？」

■私の回答の抜粋

「ここにいる皆さんは、それぞれ工学という素晴らしい勉強をされています。何かご自分で、もうすでに考えておられる方がおられるでしょうし、まだ決まってないこともあるかもしれません。ただ、正直申し上げますと、競争社会の今、起業して商売をするのはよほどのオリジナリティ商品がないと非常に厳しいです。マーケットにすでにある同業他社は、同じ商品でもどんどんどんどん安くていいものを作っているかもしれません。安くていいもの勝負になると、後続の会社は規模が小さければ小さいほど厳しいのです。それでは、ベンチャー企業がどこで勝負できるかといいうと、オリジナリティです。オンリーワンの商品を作ることです。私の会社で言えば、『バードストッパー』がそれにあたります。これまでにない商品を開発してこそ、世の中から需要があり、ビジネスを展開してゆくことができるのです。それはアイデア次第でいくらでも出てきますし、作ることもできます。

それを踏まえて私が申し上げたいのは、できれば学生の間に自分の個性や長所を認識して、磨いておいてください。起業家は、個性がある人間にならなくてはなりません。自分の個性と長所を踏まえた上で、自分の武器を磨き、やりたいことを目指すのです。これは自分にしかない、できない――そういうものが一つでもあれば、ビジネスでも、生きてゆく上でも強みになります。そういうものが、これからの時代、必要なのではないでしょうか。

モノを作るときは、自分が満足するものというだけではなくて、それを使うお客様の立場になって考え、作ってみてください。作る立場、使う立場、買う立場、その観点はそれぞれ違います。自分が満足して作っても、自己満足だけで終わってしまいます。

　いくらいいものを作っても、それを世間にいいものだと知らせて、買ってもらわなくてはなりません。お客様に使ってもらって満足してもらう、という視点と、コストのことも考えて作る習慣を付けておくといいと思います。

　新しいモノ・商品を開発して作るには、コストがかかります。開発費用もかかりますし、実際に商品を販売するときのコストもあります。それを踏まえて定価も付けて、お客様に商品を希望して買って、使ってもらう。そこまでトータルで考えたものを作って、初めてビジネスになります。そういうモノを作ってもらいたいですね。自分視点だけではなく、お客様視点を常に持つことです。

　物作りの立場で考えると、モノは売れません。ところが、使ってもらえる人の立場で考えると、必ずモノは売れます。物作りの悪いところは、作って喜んでしまうことです。それだけだと売れないのです。人に悦んでもらえることを考えて、モノを作ればいいのです」

■参加者からの質問2

「コストも、お客様のことも考えたオリジナルの商品を作っても、上手くいかなかったり、売れなかったりする場合はどうすればいいですか？」

■私の回答の抜粋

「まずは、現場でお客様の声を聞くことです。新しいモノを作ると、必ず苦情はきます。苦情というのはどういうことかというと、お客様から怒られます。文句を言われます。これは体験してみないとわからない苦しさです。ところがね、苦情を受けるとこちらの気持ちが変わります。この苦情や文句はね、それが全部知恵になっちゃうんです。受け止め方が変わるのです。

商品を世に出せば、どんなにいいものであっても、苦情の一つや二つはあります。ただ、その苦情の中にヒントがあるんです。自分では決して気づけなかった欠点を教えてくれます。お客様が本当はこういうものを求めているのだな、とわかるのです。だから、苦情はモノ作りには欠かせません。私は全部苦情を自分で聞くようにしています。今もそうです。苦情は、知恵となるのです。

苦情は、後ろ向きの嫌な話です。自信があって世に出した商品に対するクレームは聞きたくない文句ですから。ところが、前向きの気持ちで受け取りますと、その苦情がありがたく受け止められてきます。そういうふうに、後ろ向きではなく、前向きの気持ちで苦情を受け止めればいいのです。そのクレームを元に考えると、新しい発想が生まれます。

自分の頭の中だけで作ったものは、たかが知れています。だから、自分からお客様の声を聞くために、どんどん現場に入っていくんです。現場でお客様に会って、人に会って、ただ声を聞く。すると、どんどん知恵が出てきます。現場で、お客様からニーズを聞く、というのが一番大切なんです。

現場で人に会って、生の声を聞かなければ、絶対にわからないことがあります。

机上の勉強だけじゃダメです。どんどん人に会って、生きた声の中からヒントをどんどん摑んでゆく、というのがモノ作りの基本です。身近なところにこそ知恵があるのです。そういうふうにして、ちょっと気持ちの観点を変えてみてください。お客様の生きた声、生きた反応の中にこそ、意外と新しいヒントがあります」

■参加者からの質問3

「経営を安定して、長期的に続けていくためにはどうすればいいでしょうか？　また、これまでどういう壁や、ピンチがあって、それをどうやって乗り越えてきたのでしょうか？」

■私の回答の抜粋

「私の事業家としての人生の中で、大きな三つの壁と、それを乗り越える経験がありました。最初は、進学できなかったときの開き直りです。あのとき、恵まれた中で生活し、親元で暮らせて進学していたら、今の自分はありません。そこで悔しい思いをしたから、開き直ったのです。絶対に一人前になって成功してやる、という気持ちがあったから、今の自分があるわけです。だから、まずは自分の中に、目的に向かう原動力を発見することが第一だと思います。

二つ目は、二十三歳のときに職人で終わってしまう人生を切り替えたことです。自分の限界を決めないことです。一つの会社で職人を首になったときに、職人ではなく、事業家として独立してやっていく、という気持ちが今の職人でもあり、事業家でもある、という私のあり方につながっています。

三つ目は、大きくなった会社を倒産させたときです。詐欺に騙されて大きな借金を背負いました。土地売買に手を出して、借金をして苦しくなったときに、甘い誘惑に乗ってしまったのが大きな失敗です。けれども、そこで逃げないで借金を返したことで、社会的信用を失わずに再起ができたのです。そのときに一つ思ったのは、お金を追いかけないこと――世のため人のために、人様から悦ばれる仕事をすることだけを考えることです。そういう気づきを得て、実践することで、次の会社で成功することができたのです。

皆さんも、これから大きな壁にいくつもぶち当たると思います。けれども、あとで振り返ったら、その壁を乗り越えたことが大きな起点になったな、と感じると思います。苦しいけれども前を見て、乗り越えようとすることです。事業家の道は、壁だらけです。自分でその壁を撃破して、乗り越えようとして生きてゆくと、心にも張りが出て、身も心も元気になっていくのです。

モノ作りに年齢は関係ありません。新しいことにチャレンジして、モノを作っていると人は元気になります。いつでも、自分のオリジナリティを活かして、お客様のためになるモノを作れるなら、誰でも、何歳からでも、チャレンジできるのです。

その業界でナンバーワンではなく、オンリーワンを目指すことがベンチャー企業を立ち上げるにあたって、成功の土台になると思います。まずはオンリーワンを目指してください。そうすれば、道は開けます」

3　鳥インフルエンザ対策への提言

鳥害対策は、近年では養鶏場で必要とされています。というのも、鳥インフルエンザが各地で蔓延しているからです。

その点、「フライングファルコン」や、「バードストッパー」は、養鶏場のみならず、畜産業界から今、大きな需要があり、私たちは全国を駆け回っています。

鳥インフルエンザへの鳥害対策の有効性について、最近、新聞に投稿した原稿がありますので、掲載します。

■読売新聞・投稿「鳥インフルエンザ防止において、確実な対策とは」

広告や宣伝ではありません。今、養鶏場の鳥インフルエンザが、各地に蔓延《まんえん》しています。

現状、このままでいいのでしょうか？

養鶏場で鳥インフルエンザの感染が発生すると、地域の役所が待っていましたとばかり、養鶏の殺処分が開始されます。一羽十五～二十円の費用がかかります。

殺処分が終わると、消毒剤で養鶏場の消毒作業が始まります。養鶏場の再開は難しく、ほとんどの場合、倒産か閉場に追い込まれてしまいます。実際に、そうした現場を目の当たりにしてきましたが、この悲劇には、本当に気の毒を通り越して声も出ません。

令和五年一月現在で、全国の養鶏の殺処分は一千万羽を超えました。そのために鶏卵価格も高止まりとなり、国民の食生活にも大きな影響をもたらしています。

私は鳥害対策を専門業として内外で六千件の現場対策を効果保証を前提で行ってきました。飛行場のバードストライク防止に始まり、電力会社の送電鉄塔に発生する感電防止。鉄道施設と駅舎の飛来防止。農業施設や建築建物や集合住宅の鳥害対策等、中でも首相官邸や京セラ大阪ドーム、故・黒川紀章先生から依頼を頂いた和歌山県の県立近代美術館は誉れの現場として現在も健在です。

十数年前になりますが、当時、鳥インフルエンザが蔓延したときに、公明党の某国会議員の紹介で面会した当時の農林水産大臣に申し上げた経緯があります。「鳥インフルエンザの事後対策としての養鶏の殺処分は、あまりにも無駄が多すぎるのではありませんか。確実な予防対策では十分の一の費用で対応できるのですが、ご検討頂けませんか」と。

鳥インフルエンザや豚コレラの感染事故は、依頼された多くの対策現場から「鳥害の原因。感染ルート。対策とその方式」等を、お陰様で現場から貴重な経験として学ぶことが出来ました。現場が全てを知るための源泉です。この度の感染原因とそのルートを知ることで鳥インフルエンザの事故を未然に防ぐことが可能となります。

もぐら叩きのような役所の事後対策の、無駄と愚かさを知ると同時に不要となり、賢明な予防対策となります。以下の提案事項が多くの養鶏場と地域の安全と安心のために少しでも貢献できれば本望です。

1. 鳥インフルエンザの感染原因ですが、これは多くの皆様もご存じの北から飛来する渡り鳥（鶴、鴨、ガン等）が、その媒体となっています。

2. 鳥インフルエンザの感染ルートですが、対策の根拠がここから始まります。実は、鳥インフルエンザの媒体である渡り鳥の落糞を食べて、鳥インフルエンザの次期媒体となるのが、雑食性の高いカラスなのです。その次期媒体となった各地のカラスが次に餌を求めて、餌の多い養鶏場に飛来することになります。

3. 養鶏場は大きさと建物構造が全部異なりますが、最近の大型の養鶏場は工場構造となり、虫や小鳥も侵入出来ないほど、密閉された完璧な構造となっていいます。ところが、実はそのような密閉構造の養鶏工場で鳥インフルエンザの感染事故が発生しているのです。ここが大事な予防のポイントとなります。

なぜ、養鶏場にカラスが多く飛来するのか、です。それは建物構造は密閉されて、虫や小鳥も侵入できない構造ですが、養鶏場内で処理される汚物がほとんど場外に捨てられてしまうことが原因です。そこがカラスにとって、格好の餌場となるのです。

数多くの現場を経験した者しか知らない重要な感染原因があります。それは餌場となった汚物の捨て場で、ウイルスの媒体となったカラスの落糞です。この糞が乾燥して空気に乗って、養鶏場に侵入するのです。ですから、密閉構造の養鶏場でも鳥インフルエンザが発生するのです。

特に、養鶏場内の養鶏は抵抗力がなく、ひ弱であるために微弱なウイルスでも感染する傾向があります。場内に入る車両や人の消毒は無駄ではありませんが、防止効果は低いと思われます。実際の感染経路ではないからです。

4. 対策としては、養鶏場の構内はもちろん、汚物やゴミの捨て場等、養鶏場周辺に雑食性のカラスを絶対に飛来させないことです。確実なカラス飛来防止の対策を施工されているところには鳥インフルエンザの発生がありません。その現実で証明されています。特に鳥インフルエンザの発生した養鶏場の周辺に位置する養鶏場は、警戒が必要です。

以上、現在の鳥インフルエンザや豚コレラなどの感染防止に少しでも貢献できて、ご参考になれば悦びです。

令和五年一月十九日
ゼロバード　杉本博昭

4　関西転輪会の勝利

バードストッパーの会社経営――現場での施工の仕事や商品開発――に没頭している間にも、信心の習慣や、学会の活動も欠かしませんでした。

平成五（一九九三）年十月二十日、鳥害対策の現場仕事で長野に出張していたときのことです。「関西転輪会」の中心メンバーから電話が届きました。

「杉本さん、十日ほど、仕事空けられますか?」

「はい、空けられます」

「杉本さん、パスポート持ってますか?」

「はい、持っています」

「わかりました」

そう言って電話は切られました。

何の意味かもわからずそのまま三日が過ぎたときに、関西文化会館に集合がかかりました。

大阪、和歌山、兵庫、滋賀、奈良から選抜された十名のメンバーと関西転輪会の中心者と和田副会長が集いました。

そこで明かされたのは、破壊僧侶・日顕のスペイン親修の計画でした。その親修を無意味なものにするための協議だったのです。

創価学会を破門にして、宗門問題を引き起こした日蓮正宗の日顕には、誰しも険悪な思いを持っているときでした。全員の熱い思いでスペイン行きを決定しました。

十一月十九日、東京の学会本部に集った我々は、秋谷会長のもとで日顕破折の「関西転輪会十勇士」の結成式を行いました。その後、中心の和田副会長と十一名が成田国際空港に直行し、スペインに飛びました。

モスクワ経由で十五時間後にスペインのマドリード空港に無事到着。不思議か、偶然か、日顕の搭乗する飛行機の一つ前の便です。我々のスペイン入りの情報がすぐに日顕に届いたようで、日顕側には驚きと混乱を与えたようでした。

当時のスペインには宗門組織が確立されていて、日本から日顕を迎えて大きく発展させる魂胆だったのが、我々十勇士のスペイン入りで破綻をきたすことになったのです。

日顕がスペインに何日間在留の予定まではわかりませんでしたが、準備されていた現地の日顕親修会は取りやめになりました。スペイン到着の四十八時間後、急遽、現地での予定を全部中止して、小会合もないままに帰国したのです。間違いなく、私たちの存在が大きなきっかけとなったと思います。

何れにしても、関西転輪会の大勝利となり、足跡を残すことができて、先生に嬉しいご報告ができました。忘れられない闘いでした。

第10章

妻との別れと再出発

1　妻・俊子との別れ、感謝

企業経営に没頭していた私は、子供たちの教育や面倒の一切を妻に任せてしまい、ずいぶんと苦労をかけてきました。そのご苦労に報いることと恩返しの意味で、息子たちが成人してからは、二人で世界二十四か国を観光して回りました。

中国は三回。韓国、台湾、カンボジア、マレーシア、シンガポール、ベトナム、インドネシア、タイ。アメリカ、ハワイ、カナダ、オーストラリア、スペイン、イタリア、スウェーデン、ノルウェー……。

平成十九（二〇〇七）年、最後に行ったのが、金婚式のお祝いを兼ねてのカナダへの観光旅行でした。帰りの空港のロビーで、時間待ちをしていたときのことです。

「お父さん、トイレに行ってきます」

妻の俊子はそう言って、ロビーの端にあるトイレのほうに歩いていきました。ところが、帰ってきたときの様子がおかしいのです。待っている私の目の前で、キョロキョロと私を捜しているのです。

「見えないんか？」

声をかけると、ようやく我に返った様子でこちらにやって来ましたが、不思議な妻の姿に、何かの病気では、と不安を覚えました。

帰国後、専門医に診察を受けると、原因が判明しました。

認知症2の症状だったのです。

共に苦労しながらも幾多の試練を乗り越えて愛し合い、支え合い、信心しながら二人三脚でここまで一緒に歩いてきた俊子。その最愛の妻が、認知症になってしまいました。

ショックを受けたのは言うまでもありません。それから、妻を支えるための私の闘いが始まりました。

近くにある専門病棟「白寿苑」に朝晩の送り迎えです。合わせて朝と晩の食事を五年間、手作りです。最初は慣れませんでしたが、「お父さん、美味しいわ」と言われるために、料理を勉強し、試行錯誤して悦んでもらえるようになりました。

頑張ってきた妻に、できるだけのことをしてやりたい。

これまで苦労をかけた恩返しの意味を込めて、精一杯の勤めでした。

朝、晩と送り迎えをする中で、白寿苑の担当の方から「杉本さん、たいへんでしょう。施設にお入れしましょうか?」と声をかけていただきました。

妻の俊子も施設にたくさんの友達ができていたので、多くの人が待ち望んでいるとのことでした。それで全日の養護療養として、お請けいただくことになりました。

妻として、母として、日本舞踊・藤間流と梅香八千代流の名取として、また創価学会婦人部の副本部長の立場で、強い生命力の証しとして、それから十二年間の命を燃やし、天寿を全うしました。

俊子、ありがとう！
六十二年間、長い間連れ添っていただきました。
ずいぶんと苦労をかけましたね。ごめんよ。

2　鳥害対策のエキスパートとして生涯現役

平成二十一（二〇〇九）年、大阪ウイントン株式会社を四男が辞めてしまったので、この会社は人に預けました。それで、私が経営するバードストッパーに移転して四男は働いていたのですが、八十五歳を目途にしていた私の退職のために、四男に後継者としてバトンタッチするために、持ち株の全部と経営権を無償で譲渡しました。ところが会社経営の実権を渡したとたんに態度が豹変してしまったのです。

当然、これまでに開発した装置や器具も譲渡しようとしたところ、「あなたの開発した装置や器具は要りません」と言われ、愕然《がくぜん》としてしまいました。
自分の力で新しいことをやりたい、という気持ちが強くあったのかもしれません
が、創業者の想いが伝わっていないのが、残念至極でした。
そこで、私の開発した鳥害対策装置に大きな評価をしていただいたコスモテック
株式会社に、事業を譲渡することにしました。
現在、私はコスモテック株式会社のトレードマーク「ゼロバード」の顧問役とし
て、世界の鳥害対策にあたっています。
私は生涯現役のつもりでいます。身体の動く限り、これまでの鳥害対策に関する
豊富な経験や知識を活かし、人の悦びのために貢献していくつもりです。
最後に「バードストッパー」など、私の仕事が新聞に掲載された際の記事や、私
が新聞に投稿した際の文章をここに記載します（実物は巻末の資料参照）。

◎聖教新聞

体験手記　倒産で学んだ経営の厳しさ　慢心を排し再起の道開く

〝今から思えば、あの時、経営規模を縮小、一から出直していたら、こんなことには……〟。四十八年秋に起こった石油ショックで材料が高騰。経営する空調設備のダクト工事会社の資金繰りは、目に見えて悪化。赤字工事を余儀なくされる事態で、ジリジリ経営が圧迫されました。初めて苦境に直面し、私の若さと経営理念に浅さが、もろに出てしまったのでした。

二十三歳で独立後、折からの建設ブームに乗って会社は、発展。以来十四年で年商四億数千万円、従業員五十人を擁して関西の業界で十指に数えられるようになったのです。当時、私は三十七歳。挫折知らずの経営が、いつしか過剰な自信となって私の経営感覚を鈍らせていたのでしょう。あえて減量経営を選ばず、企業グループに参加。資金援助を受ければ乗り切れると思ったのですが、逆に手形を悪用されて背負った負債は、なんと五億六千万円。五十八年に、あえなく倒産してしまいました。

私の参加した企業グループとは、名ばかりで、実態は、グループ内で交互に融通手形を発行、資金調達を図るのが目的の悪質なグループだったのです。〝だまされた！〟。そんな資金繰りのカラクリに気づいた時は、すでにあとの祭りでした。傘下企業として経営の実権を握られ身動き出来ぬ羽目に陥っていたのです。吸収合併に等しい状態でした。私名義の手形がグループの資金調達の名目で勝手に発行されているか、と思うだけで背筋が凍るようでした。

万策尽きて座った仏壇の前で私は、思わず悔し涙をこぼしていました。十一歳で父と死別。再婚した母への気兼ねが私の自立心をかき立てたのでしょう。中学を卒業し住み込み工員で就職した建築板金会社で私は、夢中で働きました。念願通り二十三歳で独立したものの私の自己本位の考え方が災いし、取引先と衝突。人間関係の悩みから三十九年に入信。建築板金から空調設備のダクト工事に切り替えたのは、それから三年目の四十二年でした。

関西は万博景気で空前の建設ブーム。私の会社も発展の一途で、四十五年には堺に千五百平方メートルの土地を購入して新工場を設立。年商四億数千万円を誇る業界の有力企業に成長したのです。時と幸運に守られての急発展も、今、振り返ってみれば、信心の功徳と受けとめられる私ですが、当時は、私の才覚、努力の結果との気持ちを強く抱いていたのも事実です。

2年で負債を全額返済

若くして得た成功が、私の心に慢心を芽生えさせたのでしょう。初信のころに比べてこのころの私は、先輩幹部に指導を求める心もうすらいでいました。努力と信念の人生は、私の生来の気性もあって人の意見に耳を傾けぬところがあったのです。〝あっ、私の慢心が破滅に向かう因になったのでは……〟。我知らず、たどる人生の来し方。夢中に唱題するなかで胸に込み上げてくる反省。いたたまれぬ思いで私は、先輩幹部のもとに走りました。

「杉本さん、今こそ、経営者として大きく脱皮する時ですよ。必ず変毒為薬出来ます。つらくても逃げずに、再起の実証を示していくことが大事ですよ」。厳しくも心温まる励ましに勇気百倍、心から再起を誓ったのです。こうしたなかで売却した堺工場の代金九千万円で大口の負債を、まず、返済。残る二十六軒の取引先を一軒一軒、訪問。誠意を尽くして交渉、期限内の返済を私は誓いました。こうした私の姿に銀行を中心とした債権者会議で手形詐欺で背負った負債額は「杉本さんも、いわば被害者」と全額タナ上げとなったのです。

〝御本尊様、ありがとうございました〟。思いがけぬ形での解決に私は、ただ、うれし涙にくれるばかりでした。幸い、私を支援してくれる取引先も多く、倒産して間もなく事業を再開、二年後には残っていた負債も全額、返済することが出来ました。五十八年には、空調設備のダクト清掃作業の代理店の権利を獲得して新会社を設立。歩いての七百社を超える訪問宣伝が功を奏して、大手企業と相次いで契約。

現在はダクト工事と清掃作業の二本柱で、着実な発展をたどっています。倒産という試練をくぐって得た経営の厳しさと人の意見に耳を傾ける謙虚さを生涯の心の〝財産〟として、一段と飛躍の実証を示してまいります。

◎聖教新聞より

鳥類飛来防止装置　誠意と知恵と執念で新分野開く

序章　広がる反響の輪　　マスコミが注目し製品を次々と紹介

テレビのクイズ番組。司会者がヒントを出す。「〝ふんがい〟してます」画面に次のヒント。「最新式の装置。人工的に磁場をつくり、飛来を防止」解答者の手が挙がる。

「ハト！」

「正解です！」

司会者の説明が入る。「この最新式装置というのは『ハトコン』。ビー玉を半分にしたぐらいの永久磁石をひもに二十五センチ間隔で取り付けたもの。これを屋根などに設置すると、ハトには磁気を感じる力があり、逃げてしまう」

鳥類飛来防止装置「ハトコン」は数年前からテレビ、ラジオ、新聞などに取り上げられ反響の輪が広がる。豊かな日本の反映か、餌は町にあふれ、ハトは増える一方。ビルの屋上のダクト吸込口も糞《ふん》で真っ白になる。このハトの〝糞害〟に〝憤慨〟する声をヒントに誕生したのがハトコンだ。

これを販売網にのせ世に出したのが杉本博昭さん（五五）＝大阪市住之江区、区副壮年部長。空調ダクトのクリーニング会社・大阪ウイントンＫＫの社長である。

取材メモ

「事業成功の秘けつは？」と聞くと「人に喜んでもらえる仕事。結果を出す執念。それに誠意」と杉本さん。

「人のために」との心の豊かさ、倒産からも逃げず新しい仕事の分野を開いた執念、信頼の城を築いた誠実な人間性、これらすべて学会の庭で培ったものという。

感銘した池田名誉会長のスピーチから「もう一歩の執念、もう一歩の粘り、もう一歩の努力、もう一歩の配慮」を社是に掲げる。何事も信心根本に、学会指導のままに前進し道を開いてきた杉本さん。そこに事業発展、人生勝利の要諦をみた。

第1章　愛鳥家も評価　責任施工で売り上げは着実にアップ

「ハト来《こ》ん」――ハトが来ないことを願って命名したハトコンだが、相手は生き物。初めて施工した四年前は「ハトよ、帰ってくるな！」と祈ったという。

平和のシンボル・ハトも時と場合によっては厄介者。通行人の頭や店先の商品に糞をポトリ。汚れただけならまだしも、糞には病原菌もある。

仕事の現場で苦情の声を聞いた杉本さんは〝ハト公害を何とかしなければ……〟。

そんな四年前、磁石を使った撃退法が新聞で紹介された。ハトは体内の生物磁石によって地球磁場を感じながら正確に飛行する。だから人工的に異常磁場をつくることで飛来は防止できるという。

「これだ！」（中略）歩道橋などに餌をまき、ハトを集めてハトコンのテストを繰り返した。かたずを飲んで見守るなか、ハトは設置場所に近付くと〝豆鉄砲〟ならぬ〝磁気鉄砲〟を食らい驚いて逃げて行く。「やった！　成功だ」

設置場所に応じた施工法の研究にも全力をあげた。図書館に通い、鳥の生態も勉強。今や建設会社のセミナーなどでハトの習性を語り、ハトの寄り付きにくい建物の色、角度などのアドバイスもする。杉本さんにとってはマイナスに思えるこの情報提供が、逆に信頼を勝ち取る因に。最近では建物の設計段階でハトコンの設置が組み入れられることもあるという。

ハトを傷付けずに追い払うとあって愛鳥家も高く評価する。「どんな鳥もＯＫ。でも〝借金トリ〟は防げません」とジョークも飛び出す。

鳥害対策では全国でも同社のみという〝責任施工〟をうたい文句に。異常はないかと施工したハトコンをそっと見回る。施工後の苦情は一件もない。

「現場でのいい仕事こそ最高の営業」と杉本さん、誠実な仕事ぶりとハトコンの評判は口コミとマスコミに乗り、売り上げは上昇。年間で億を超える事業に発展した。

（以下略）

第2章　信用こそ力　自身の人間変革とともに事業は好転

幼くして父と死別。高校進学を断念し板金工に。二十三歳の時、建設板金で独立したが、一人っ子でわがまま、人の気持ちをくめず、よく従業員や得意先と衝突した。そんな昭和三十九年、友人の語る「人間革命」の言葉が心に響いた。「本当に自分が変われるのなら……」と入信。祈り、活動するなかで歓喜の生命がわいてくる。杉本さんの目の色が変わった。

胃弱でやせ細った体が十キロも肥えた。同志との触れ合いのなかで人を思いやり、自分を見詰め反省できるように。自身の変革とともに職場の人間関係もよくなり、徐々にいい得意先も増えた。

妻・俊子さん（五四）＝副本部長が夫を語る。「入信前は負けず嫌いで利己主義。よく弱音を吐いていましたが、入信してからは自信をもち前向きになって……人間関係を大事にし、いい人に恵まれるようになりました」

空調ダクト工事業は軌道に乗り、入信三年後には法人化へ。御本尊への祈りにも力がこもる。活動が大好きで大ブロック長、総ブロック長として第一線を走ってきた。

その間、立地条件のよい土地を購入し新工場を構えた。高度成長の波にも乗り、更に土地・工場を拡充。工事量は関西圏で十位以内にランクされるまでになった。

ところが、オイルショックを境に流れが変わった。鉄板材料は値上がりし、資金繰りも急に悪化。事業は窮地に陥った。事態を好転させようと加入した企業グループにだまされ「これはまずい！」と気付いた時は手遅れ。すでに杉本さん名義で五億三千万円もの手形が乱発されていた。昭和五十三年のことである。

「倒産のことは知りませんでしたが、必死で題目を上げる両親の姿が目に焼き付いています」と次男・俊二さん（三〇）男子部部長。

倒産直前、不思議なことに工場の土地を即金で買ってくれる人が現れた。ふつうなら金を持って夜逃げしたくなるところ。が、杉本さんは一億円近い金のすべてを正規の取引先に返済した。

それでも多額の負債が残った。先輩は信心を忘れて策や方法に走った甘さを指摘しながらも「必ず変毒為薬するんだよ」と励ましてくれた。温かい言葉を支えに必死の唱題が始まった。

題目を唱えると心が落ち着き、勇気がふつふつとわいてくる。会社はやむを得ないが、広布の拠点の我が家だけは何とか残したい。その一点を祈り続け、銀行の本店へ。

銀行のトップの話に我が耳を疑った。「杉本さんも被害者です。今回は銀行の損金として処理しましょう」と。家の差し押さえも免れ、個人の預金もそのまま。信じられない出来事だった。

負債の残り三千万は、債権者一人一人に現状を説明し誠意を込めて交渉。二年ですべて返済し終えた。これまでの信用が窮地で大きな力となったのである。

ひとこと　日本ウイントンＫＫ　常務取締役　舟橋敏氏

時間に正確で礼儀正しい。杉本さんと初めてお会いした時、その人間性にさわやかなものを感じました。倒産という失敗も隠さず話をしてくれ、その原因もよくわかっていらっしゃる。会社は小さいが人間的に魅力があり信頼できると、大阪のエリアをお任せしました。研究熱心で、常に前向きで新分野を開くなど仕事を展開されている。社長の人柄でしょうか、息子さんをはじめ社員はまじめな方ばかりです。

第３章　４人の丈夫《ますらお》　成長した子らが父を支え会社の柱に

一からの出直しである。資金、人、設備が少なくてすむ付加価値のある仕事はないものか。祈り、考えていたある日、新しい空調ダクト清掃の世界特許をもつイギリス企業の日本進出を知った。

大阪エリアの仕事の権利を大手空調会社と競うことに。提出した会社の沿革書には、自分のすべてを知ってもらい判断してもらおうと、過去の倒産の事実も記入。

「使命があれば、この仕事をさせてください」と祈り抜いた。

学会活動に走る杉本さんに吉報が届いた。誠実な人柄、仕事への熱意、業界における信用、地域で町会長・民生委員を務める面倒みのよさなどが評価されたのだろう。五十八年春、大阪ウイントンKKとして船出したのである。

大学卒業を間近に控えながら、中退までして手伝うと言ってくれた長男・昭一さん（三一）＝男子部部長＝の真心に涙しながら、二人で映写機を持って会社回り。が、何百社訪問しても、注文が取れない。

「お父さん、これは仕事にならんで」「いや、まいた種は必ず花が咲く。負けたらあかん」と題目を唱え挑戦する。苦闘のなかにあっても胸中には希望の火が燃えていた。
一年たって、ようやく注文が取れ、突破口が開けた。企業訪問は二年間で七百社に。足で開拓した大地の上に、一気に花が咲き始めた。（中略）
四人の子らも広布の庭で育ち、次々と会社の柱に。長男は空調メンテナンス事業部技術部長。次男は鳥害対策事業部副部長。三男（二六）＝男子部員＝は同部主任。かつて非行に走り、親を悩ませた四男（二四）も、今や大阪経済法科大学委員長、学生部長として活躍する。（中略）
「企業は人で決まる。人を育てるには信頼して仕事を任せ、責任をもたせること。若い人には柔軟ないい発想がありますから」と杉本さん。
「父は若い。今が青春という感じ。どんなピンチもチャンスに変えていく生命力は私達のお手本」と子らは語る。
〝生涯法戦〟をモットーに「事業を通し社会に信仰の実証を」と意欲満々の杉本さん。その目はなおも世界へ、二十一世紀へと向けられている。

◎読売新聞

鳥の嫌がる磁気活用　飛来防止装置

大阪市住之江区の「大阪ウイントン」会長　杉本博昭さん（67）

都会では、生ごみを荒らすカラスの害に加え、高層マンションや人の集まる駅などでハトの糞による汚染が恒常化している。そこで杉本さんが十五年前、開発したのが、世界初の磁気を利用した鳥類飛来防止器具「バードストッパー」だ。

地図を持たない渡り鳥がなぜ、遠い目的地まで行くことができるのか。どうしてハトは遠隔地から巣箱に帰れるのか。太陽または恒星を手掛かりにしているという天体航法説が有力だったが、地球の磁場を感じて方向を定めるという、新しい学説に着目した。この学説を応用して人工的に異常磁場を作り、その場所を忌避させる装置だった。

以来、大阪ドーム、大阪市中央公会堂など約三千六百件を施工、効果は半永久的という。今年七月には、ベランダなど個人住宅向けに主婦でも簡単に取り付けられる組み立てタイプも開発、販売を始めた。航空機と鳥の衝突事故を防ぐため開発した、ハヤブサの模擬鳥を使って追い払う装置も注目されている。「鳥を殺傷せず、あくまでも飛来防止をテーマに、共生、共存が念願」。鳥害対策のオンリーワン企業を目指している。ちなみに日本野鳥の会の会員でもある。

談 元々、空調ダクト工事の仕事をやっていたんですが、一九八三年にイギリスのウイントン社から世界特許の空調ダクトの清掃工法を得て大阪ウイントンを設立した。仕事の過程で、ビルの屋上の空気吸い込み口を点検せんならん。どこもハトの糞がたまって、そのまま空調機へ流れてた。大変やと。保健所も衛生上よくないと。そのサービスで糞の清掃を始めた。ところが、一週間ほどしたら、元のもくあみ。その繰り返し。

何とかしよう。商売する気なんか毛頭なかったわけ。お客さんに喜んでもらいたい一念で、ハト除《よ》けに市販されていた鳥もち状のものとかいろんなものを使ってみた、ところが、どれも効果は一時的でよくない。八五年ごろ、もっと恒久的なものないもんかと悩んで中之島の図書館へ行った。何かヒントになるもん探しに。三日通いました。根っからの職人、中途半端なことができない性分なんです。

ヒントは見つかったのですか。磁石を並べ　トンネルに

談　論文を発見した。マサチューセッツ工科大の学者の論文に渡り鳥の秘密いうのが書いてあった。鳥には生物磁気（マグネタイト）があり、地球の地磁気を読んで飛んでるんやと。当時の常識は太陽コンパス説いうて太陽の位置を見て飛ぶいう説。が、曇りや夜でも飛ぶから納得いかん。革命的な論文は納得しますわ。鳥は自身の生物磁気の範囲を超えた強い磁気に出合うと、本能的にその場所を忌避する傾向もあるという。これは面白い、と思った。

ハトはどう磁気を感じるか。結局は現場ですわ。実験するうちに発見した。足元に磁石置いても全然あきません。ところが、ある位置に持っていくと、ピピッと感じて逃げていきよる。カラスは位置が違う。鳥の種類によって違う。スズメやムクドリは生物磁気を持ってないから効果はおまへん。カモ、カモメなどは効きます。

二年間、試行錯誤を重ねた。寝ても覚めても鳥のこと。寝ててもパッと起きてノートに書き込む。現場に登って取り付ける。永久磁石を二十五センチ間隔で線上に並べて磁場のトンネルを作り、バリア内に入れなくする。人体に無害、電波障害もない。八八年に商品化した。大阪弁で「ハトコン」。四年後には改良を加え、商品名も「バードストッパー」に変えた。

一件目はハトの糞に困っていた豊中の神社。その後のＪＲとの出会いが大きかった。環状線寺田町駅での勝負。内回りホームはうちがやる、外回りは他社が鳥もち状のやつで対策。結果は一目瞭然、うちは一羽も来ません。十五年後の今も効果はそのまま。今は多くの駅で使てもろてる。競技場や発電所も多い。大阪ドームは延長三千メートルになる。新しい首相官邸もやらしてもろた。すべて施工販売ですが、この夏からは個人で取り付けできるタイプを市販してます。

磁場嵐を作る風車タイプや回転球タイプも開発した。風車は農園や果樹園用、回転球は営巣による電気ショートを防ぐ送電鉄塔用。それぞれ一万円台、完売しました。

撃退用の模擬鳥も作ったとか。飛行機と衝突解決したい、と

談 最も恐ろしい鳥害は鳥と飛行機の衝突。エンジンに吸い込まれると、人命にかかわる事故になる。何とかしたい。郊外に出た時、林の中を飛び交う小鳥たちが決して林の上に行こうとしないのに気付いた。上見たら天敵が飛んどる。これが発想でした。

九七年にハヤブサの模擬鳥を開発した。プラスチックの実物大。回転したり、移動したり、動き回る。発光ダイオードで目が光る。内蔵のスピーカーからは天敵に襲われた三種類の鳥の絶叫音が流れる。上海の浦東空港で効果を上げてる。静岡・焼津の水産倉庫や大阪あべのルシアスなどにも設置した。中部国際空港や自衛隊の航空基地からも引き合いが来てます。

もの作りの原点はね、人に喜んでもらう。お金もうけ先になったらあきまへん。飛行場の鳥問題を解決したい。使命やと思てます。

【2003年（平成15年）12月16日（火）】

◎信濃毎日新聞より

松本駅近く　ムクドリ撃退へ「ハヤブサ」登場　ビル屋上に模型装置

松本市の松本駅近くのビル屋上に、夕方に飛来するムクドリの群れを追い払うため、ハヤブサそっくりの姿をしたユニークな装置が登場した。捕食される小鳥の

「悲鳴」をイメージした電子音を自動で発する仕組み。このビルの屋上にはムクドリが寄り付かなくなったという。

大阪市の「バードストッパー」（杉本博昭社長）が販売している「広範囲鳥類飛来防止装置」で猛禽類のハヤブサが羽を広げた姿の模型。看板に隠れて地上からは見えないが、両翼を広げた長さは約130センチ。設定した時間に、悲鳴に似せた電子音を自動で流して、鳥を撃退する。

駅周辺では、数千羽ともいわれるムクドリが一帯の中高層ビルの屋上に集まり、屋外看板などに大量のふんが付く被害があった。頭を悩ませていたこのビルの管理者側が、昨年10月に設置した。

バードストッパー社は、鳥を撃退する装置の開発を長年手掛けてきた。県内では長野市の長野駅に松本とは別のタイプの撃退装置が設置されている。また、鳥と航空機が衝突する「バードストライク」を防止するため、国内外の飛行場が同社の装置を導入しているという。

松本のビルに設置した関係者によると「（設備後）すぐに鳥が寄り付かなくなった」。今後は、鳥が慣れてしまうかを含め、長期的な効果を見守っていきたいとしている。

【2010年（平成22年）1月14日（木曜日）】

◎日刊建設工業新聞より

磁気を利用した鳥類飛来防止装置が、3月13日開業したJR鹿児島本線の新駅「新宮中央駅」（福岡県新宮町）に設置され、ふん公害など鳥害対策に効果をあげている。強い磁気を嫌うハトの特性を利用したもので「バードストッパー」（大阪市住之江区、杉本博昭代表取締役）が開発。20年前に発売して以来、施工実績は約4000件にのぼるという。

この装置は米マサチューセッツ工科大学の学者が発表した論文をヒントに開発。

「ハトには生物磁気（マグネタイト）が存在し、地球の磁気を感じて飛んでいる」というもので、ハトが持っている生物磁気の範囲を超えた強い磁気に出合うとその場を忌避する傾向があることを突き止めた。

この説をもとに鳥類対策には磁石が有効であると考え、ステンレスワイヤに永久磁石を取り付けた鳥類飛来防止装置「バードストッパーチェーンタイプ」を商品化。磁場のトンネルを作り、その範囲に鳥が飛んで来ないようにした。半永久的に効果があり、電波障害もなく人体にも無害。シンプルなデザインのため、違和感がなく景観も損ねないのが特徴だ。

今回設置した新宮中央駅周辺は、食品工場や、パン工場があり、ハトの飛来が懸念されたが、駅舎の屋根やプラットホームの天井など構内の至る所にチェーンタイプを取り付けたことでハトは一切近寄らず、ふん公害に悩まされることはないという。駅の施工は鉄建らが担当した。

駅のほか、工場や病院、美術館、学校、マンション、オフイスビル、神社仏閣、下水処理場、高架下などにも有効。来年の春に開業予定の九州新幹線「新鳥栖駅」にも設置されている。

同社では、送電鉄塔など電力設備向けの「ボールタイプ」や鳥類の天敵であるハヤブサを実物大の模型で再現した「ＦＦタイプ（フライングファルコン）」など鳥の種類や設備場所に応じた商品をそろえている。

【２０１０年（平成22年）４月28日（水曜日）】

◎電気新聞

バードストッパー　太陽光で鳥類忌避　新型装置を2月に販売

鳥害対策専門のバードストッパー（大坂市住之江区、杉本博昭社長）は、送電鉄塔や変配電施設など高所で発生する鳥害対策の新型装置「ボールタイプR型（リフレクター）」を開発した。装置は反射基を内蔵した特殊なクリスタルボール型の球形に搭載し、自然の風力で回転させる。太陽光線の不規則な射光が、カラスなどの鳥類に忌避効果を発揮する。40メートルの耐風速テストでも耐久性・安全性が確認された。11年2月の全国販売に先駆け、このほど販売日までの期間限定で低価格での有償モニター募集を開始した。

装置は太陽光線の不規則な射光に警戒心を持つ鳥類の習慣を利用した。鳥類には「慣れ」も起きないため、持続的に効果を発揮できる。また耐候性強化プラスチックを使用したことで、強風突風にも強い構造とした。

ハト、カラス、カモメ、ムクドリ、ヒヨドリなどに飛来防止の効果があり、送電鉄塔などで危惧される短絡事故防止などにも効果的。送電鉄塔などへの設置には取り付けの簡易な縦横可変式ブラケットを使用し、容易に脱着が可能としている。

高所用として、ほかに広範囲飛来防止装置の「ボールタイプＳＳ型」や「ボールタイプＩ型」などがある。

【２０１０年（平成22年）12月６日（月）】

◎日刊油業報知新聞

広範囲鳥類飛来防止装置　フライングファルコン
バードストッパー社が開発　油槽施設、給油施設　鳥糞汚染など解決

鳥害対策専門業であるバードストッパー（杉本博昭社長）の開発した、広範囲鳥類飛来防止装置「フライングファルコン」が、油槽施設や、給油施設でカモメなどの鳥糞汚染のトラブルを確実に解決する装置として注目を浴びている。

沿岸の施設は、遊飛するカモメや鵜などにとって羽を休める場所として格好の場であるがゆえに、人影がないと大量の鳥たちが常時集まってくる。カモメや鵜など海上を遊飛する鳥類の鳥糞は、特に強アルカリ性で装置や機材などの鉄部に錆化を発生、現場では清掃など対応に困っている。

これまでも飛来防止にさまざまの対策を取ってはいるものの、馴れが生じて、効

果は持続しない。そこで開発されたのが「フライングファルコン」。飛行場で発生する〝鳥と飛行機の衝突〟「バードストライク」防止のために開発された装置で、すでに国内外でその効果が確認されている。

鳥類の天敵であるハヤブサの形態と飛翔の模型装置で、鳥類の視聴覚に対する複合効果で、飛来防止の効果を持続することができる。設置した現場では、即効的な効果があると好評を得ている。

装置はＦＲＰ製で海岸べりの強風下にも対応、一基で二千五百平方メートル〜三千平方メートルの範囲で効果が確認されている。なお、一年間の無償保証付き。ソーラーバッテリーを搭載しているので電気工事は不要、設備はだれでも簡単で、コストも廉価である。

飛来防止効果の持続性は、「鳥類の天敵ハヤブサ」の形態と、内蔵された特殊な電子音発生装置にある。これは鳥の絶叫音で一時間に三十七秒間×七回、ランダムに発生し、しかも発生音は七十種類に変化するために鳥類の馴れが生じない。発生音はMAX百二十五デシベルでボリューム調整ができる。さらに、現場の実情に合わせて鳥類飛来の時間にセットするタイマーシステムや、足元でON〜OFFのできる地上操作タイプなどもある。

【2011年（平成23年）4月4日（月曜日）】

◎日刊工業新聞より

バードストッパー　太陽光を利用した鳥類飛来防止装置

〈高所耐強風型・鳥類飛来防止装置・ボールタイプR型〉

鳥類は光の波長に変化するものに警戒心が強く、特に太陽光線の不規則な射光には強く反応し、その物体を忌避し周辺に近寄らない傾向にあります。

今回開発した「ボールタイプR型」は、鳥類の習性と傾向性を利用した装置で馴れが無く、耐久性と恒久性に優れており太陽光線の射光効果を利用したエコ商品です。

付加効果として、鳥類に忌避効果のある擬響音をボールタイプ内部に装着し、鳥類の帰巣性をかく乱して視聴覚に強い忌避効果と飛来防止の複合効果をもたらす装置として完成させました。

送電鉄塔や電話の無線鉄塔で発生する鳥害防除に貢献できる装置です。

取り付け専用の縦・横可変式のブラケットもあり、脱着も簡便で作業性も良いので好評です。

また、強風下でも変形や破損の無い球形のボール型で、太軸15ミリメートルのシャフトと回転部には密閉型の高性能のベアリングを装填、寒冷下でも停止しない工夫がされています。

重要な耐震動性が問われる耐風速40メートルのテストにも合格し、安全性と耐久性が証明されています。3月より全国発売されました。

【2011年（平成23年）4月15日（金曜日）】

◎日刊水産経済新聞

鳥類飛来防止装置「フライングファルコン」油槽施設の鳥害対策に威力

(株)バードストッパーが開発　視覚と聴覚の複合効果

【大阪】鳥類対策の専門企業バードストッパー（大阪市住之江区、杉本博昭社長）が開発した広範囲鳥類飛来防止装置「フライングファルコン」が、大阪府岸和田市の出光興産・岸和田油槽所に設置され、効果を上げている。

沿岸部の施設ではカモメやカワウ、ウミウなど海岸沿いに生息する多数の鳥類のおびただしい糞によって被害を受けてきた。鳥糞は強アルカリ性で鉄部などを錆化させ、施設の機器にトラブルを発生させる原因になりかねないとして、かねてから憂慮されてきていた。

今回導入されたフライングファルコンは、これらの鳥類の天敵であるハヤブサの形態と飛翔を摸した模擬装置で、各種鳥類に対して、視聴覚の複合効果から馴致がなく、飛来防止の効果を持続できる。

本来は飛行場でのバードストライク（鳥と飛行機の衝突）防止のため開発された装置で、すでに国内外に設置され、実績を上げている。

装置はＦＲＰ製で、ハヤブサが翼を広げた実物大の１・３メートルの大きさで視覚的に鳥類を威嚇。さらに鳥の絶叫音を1時間に37秒間×７回作動させて聴覚でも威嚇している。音質と音域は70種、ランダムに作動させる念の入れようで、作動音は最大１２５デシベルに調整された。海岸べりの強風対応。飛来防止効果は一基で２５００平方メートルから３０００平方メートルの範囲。電源は装置に搭載されたソーラーバッテリーで対応するエコシステムとなっている。

今回の装置は現場のニーズに応え、鳥類の飛来に応じて任意に作動させることが可能な手元操作となった。これからのシーズンは鳥類の活性期に入るため、同装置の活躍が注目されている。

【2011年（平成23年）6月1日（水曜日）】

◎電気　現場技術　Vol．50　No．588
特別企画　電力設備の鳥害対策最前線
送電鉄塔、無線送受信塔などの鳥害防除に納得の新装置
高所耐強風型・鳥類飛来防止装置「ボールタイプR型」（リフレクター）

杉本博昭　（株）バードストッパー代表取締役

1．はじめに

今回の東日本大震災で尊い人命を亡くされた方のご冥福を捧げます。また被害を被られた皆様に1日も早く安住な生活と復興の為に逞しく立ち上がっていただけるようお祈り致します。

被害地では、早くも食品工場跡の潰れたがらくたにカラスが大挙して飛来し整理

する人々を困らせている様子が報じられていた。雑食性のカラスは、餌を見つけると何処から飛来するのか驚くほど大挙して集結して来るのには驚嘆される。鳥類の中でも特にカラスには特有の連絡機能と言うのか報知能力が存在するようである。

先日、知人を通して山陰地方の豊岡市出石町から、「カラスの被害で困っている、何とかならないものか」と依頼を受け早速現地に行ってみた。現地の会館では地域の役員の方が多く集まっておられて事の重大さに驚いた。原因は地域の中にある一箇所の養豚場であったが、地域に張り巡らされた電柱と電線に驚くほどのカラスが留まり、その鳴き声と落糞の汚染は半端ではない状態で、不気味さと騒音の地域となっていた。

電線に対策するより、電柱に対策する方がコスト的にも効果的と判断したので、弊社の持っている広範囲鳥類飛来防止装置のポールタイプＳＳ型の設置を提案した。現地では実施に向けて現在、話し合いが進んでいる様子である。

さて、国内では桜の開花も進み、若葉が芽をだして緑化が始まっているが、一番厄介なカラスの巣作りがこの4月から5月にかけて進む季節である。各電力会社でもその対策が始まっているが、従来の「ハリ山」タイプの対応が多い様で新規性が見えないようである、

送電鉄塔の短絡事故防止の碍子周辺の対策には、飛来防止の効果と安全性は第1条件だが、補修作業を困難にする様な器具でないことと、対応する装置自体の脱着性の簡単容易な物であることは第2の条件ではないだろうか。危険な高所作業の中で行うメンテナンスや補修作業で現場要員の困難を知るべきであると思う。

2.「ボールタイプR型（リフレクター）」の概要

本年4月から発売する画期的な発想で開発された新商品を紹介する。

鳥類飛来防止効果と安全性に優れ、設置や脱着が簡単容易。恒久性と耐久性を確保した鳥類飛来防止装置「ボールタイプR型（リフレクター）」である。鳥類は光の波長に変化するものに異常なくらい警戒心が強く、特に太陽光線の不規則な射光

には強く反応し、その物体を忌避し周辺には近寄らない傾向がある。

「ボールタイプR型（リフレクター）」は、その鳥類の持つ習性と傾向を利用した装置で、馴れが無く、本体は耐久性の高性能樹脂で成形した恒久性と耐久性に優れた装置である。付加効果として、鳥類の忌避効果のある擬響音をボールタイプ内部に装填、鳥類の帰巣性を攪乱し鳥類の視聴覚に強い忌避効果と飛来防止の複合効果をもたらす装置として完成している。また、同装置は40ｍの耐強風試験と振動試験にも合格して安全性が証明されている。

カラスは鳥類の中でも特に知能指数が発達して最も厄介だが、反面警戒心が強いので「もって来い」の装置と言える。同装置はボール型の球形２００ｍｍ、翼径３００ｍｍで、表面の球体に太陽光の射光を敏感に反射する特殊なクリスタル反射盤９個を搭載。自然の風力で回転するエコー装置である。回転部も高性能の密閉型ベアリング（日本国ＮＴＮ社製）を装置。寒冷下でも停止しない工夫がされている。その上にボールタイプ本体とクリスタルの射光効果を持続させるために「光触媒」

のコーティング処理をしているが「光触媒」の塗膜自体が導電性を持っているため、半永久的な帯電防止効果もあり、まさに一石二鳥の対応と言える。

3．条件に合う各種装置をラインナップ

今回の新型装置の発売に合わせて、同装置の取り付け専用のブラケットも新しく発売する。これは送電鉄塔の鋼材や丸鋼など横向き・縦向きに自在に可変が出来て、50ｍｍから150ｍｍの角材からパイプ材まで取り付け可能である。材質も従来のフラットバーを変更し折損事故の無いL型鋼材で製作され、その上に防錆に強い「亜鉛メッキ・ドブズケ加工」をしている保証商品である。

なお、積雪の多い地域向けに「ボールタイプR型ｓｎｏｗタイプ」もある。これは同型の上部に雪除けのキャップを搭載したものである。性能はR型と同じである。何れのボールタイプにも全部落下防止のSUS製ワイヤーの安全装置を施している。なお、ボールタイプの保証期間は5年間で、期間内の破損は無償で交換する。

高所耐強風型ボールタイプには他に

・磁場嵐効果で1万基設置の実績を持っている「ボールタイプI型」

・電子音発生装置を内蔵した広範囲鳥類飛来防止装置「ソーラーソニック」。効果範囲は1500㎡～2000㎡。

・無線レーダー・リモコン操作で発生音を70m～100m範囲でON～OFFの出来る「ボールタイプSS型レーダーシステム」などがある。

4．おわりに

株式会社バードストッパーは、こらからも「生物と共生・共存」を図りながら、鳥害対策のオンリーワン企業として、世界の鳥害対策に貢献致します。

3　仏様に守られ続けた地域のための会場

地域の会場は、我が家である元の板金工場――五メートル幅の長さ三十メートル、高さ三階の建物です――を改造して、二階と三階を自宅に改築し、一階を駐車場と会場として使っていただいているものです。ついに五十周年を迎えることになりました。

経済事犯に巻き込まれて倒産したときも、この会場だけは地域のために残したい、と必死に祈る中、思いもかけない中小企業として初めての「巨額の損金処理」で願いが叶い、地域の会場として末永く貢献させていただくことができました。

この会場でもまた、いろんなことがありました。

使っていただいて十年目のことです。

右隣にある二階建ての木造アパートから、歌声や人の声が喧しいと隣のアパートのオーナーがハンマーを持って怒鳴り込んできたことがあります。

「すみません、ご迷惑をおかけして」と私は陳謝しました。

多いときは百人程が参加して歌声や笑い声もあったものですから、致し方ありません。

それで迷惑をかけないようにと、すぐにアパート側の窓を全部ブロックで閉鎖して閉じることにしたのです。

ところが、それが結果的に、大きな災難から免れることになったのでした。

半年後のことです。隣のアパートの一階から出火して火事になり、全焼してしまったのです。ところが、そのアパートと会場はわずか六十センチほどの空間しかなかったにもかかわらず、火の入るところがなかったために、何と壁が黒くなった程度で助かりました。しかも、不思議なことに火事の最中に風の向きが変わり、こちらへの被害はまったくと言ってよいほどなかったのです。

火事のあった日から一週間後、アパートの経営者は自殺しました。その土地は未だに跡地は草ぼうぼうの空き地となったまま、四十年が経過しています。

この個人が提供する会場に関しては、池田先生はこんな言葉を述べておられます。

令和元（二〇一九）年十一月二十九日の聖教新聞「心に御書を」の中で伝教大師の「家に讃教の勤めあれば七難必ず退散せん」との文を引き、

「自宅を広布の会場に提供下さるご一家の福徳は無量にして永遠である」

「地涌の宝友が喜び集う個人会館、個人会場は現代の「法華経の会座」だ。地域の宝城である。尊き真心に感謝し、ご家族や近隣にも配慮して、皆で一段と大切に」

とのご指導をいただきました。感無量の思いです。

人の悦びに貢献できる折伏と「仏法勝負」の闘いは、必ず廻り回って自分に返ってきます。この仏法の方程式を改めて確認できたことは、自分の人生にとってありがたい感謝の証しとなりました。

これからも「師弟報恩」を胸に刻みつけて、地域のために、学会の宝城としてこの会場を守り抜いていくつもりです。

今の私の挑戦は、「郷土民謡民舞全国大会」に出演して、優勝を目指すことです。そして「学会壱百周年」を壮年部の一人として、信心の悦びと報恩感謝を教えていただいた一人として、元気はつらつで迎えることを目指しています。

4　人生という広大な海で航海図を作る

私は映画が大好きです。話題になっているものは必ず観に行きます。ストレス解消にもなりますし、モノ作りをする上で映画作品を一つの「商品」として観ても、勉強になることが多いからです。

映画や芝居になぞらえて人生劇場とも言われます。監督、脚本家、大道具・小道具などの裏方。カメラマンに俳優。俳優にしても主演から三枚目、端役からエキストラまで、様々な人がいろいろな役割を持ちながら、一本の映画を作るわけです。

私共は言ってみれば、人生劇場の中の何かの役割を演じて、この世界という舞台を成り立たせています。何を演じればいいのか、どの役割がいいのかは、人様々です。

思ってもみなかった日の当たる恵まれた立場で演じるか、日の当たらない場所で演じるか、それも様々です。

どんな役割であっても、自分が何をしたいのか、どんな役を演じたいのか、目的と目標を明確にすることが大切です。そうすればただ流されるままにならず、「何者かになっていく」ことは間違いありません。そういう人は、年と共にだんだん役割が明確になるだけではなく、役の幅も広がっていきます。

持ち味、個性はそれぞれです。才能や性格もそれぞれです。しかし、一つの目標に向かって努力するにつれ、目標のないままの人とは差が開きます。年がいけばいくほど開いていくのです。

自分の人生劇場の中で何を演じるか？

それは自分が決めることです。人が決めることではありません。

表舞台で注目を浴びる美男美女の俳優が、必ずしも名優とは限りません。三枚目でも、すばらしい役者はたくさんいます。

将来に向けて、目標がある人、決まっていない人、まだ迷っている人……人様々だと思います。

一つだけ言えることは、人生という広大な海を航海していく上で、着ける港と航路を決めておくことです。

航海図を作ることです。

変更があってもいいのです。当然、予期しない嵐やシケもあるでしょう。そのときには、臨機応変の変更や修正も必要です。ただし、何があっても目標に向かって前向きに航海していただきたいのです。

航海するときには、運ぶ荷物の中に「大いなる希望」と「無限の可能性」、「勇気のある確信」この三つを最低、積んでいってください。そうすれば、必ず目標に辿り着くことができるでしょう。

5　「四恩」を大切にして生きてゆく

仏法の「四恩」とは「父母の恩。一切衆生の恩。国王の恩。三宝の恩」とあります。

真言の害毒である「真言亡家亡国」を断ち切らねばなりません。一族の繁栄は父母の恩を守ることが何よりも大事ではありませんか。それを粗末にすることは必ず一族のどこかに枝折れが生じることになります。

日蓮仏法を知った者として、「四恩」を大切にするべきではありませんか。開目抄には「仏法を学せん人、知恩、報恩なかるべしや。仏弟子は必ず四恩を知って知恩・報恩をいたすべし」とあります。

池田先生は「今やるべきことに全力をそそげない人に、未来を語る資格はない。足下を着実に固めてこそ、次の大きな飛躍があるのである」と人生の指針が示されています。

親として最後の戒めです。親の恩を知ったことで子供や孫たちを大切にすることができるからです。宿命転換の深い意義を知るべきではありませんか。将来の明るい一家の人生のために！　現在二つのお墓を保有しています。北海道の戸田記念墓地と関西池田記念墓地の二つですが、四恩を無視する人、四恩に報恩の誠を尽《つく》そうとしない人には、同意はできません。永久にお断りするつもりです。


仏法勝負です。

逃げない、投げない。諦めない。くじけない。愚痴らない。騙さない。嫉妬しない。

そうして悔いを残さない人生のために懸命に闘い、祈り抜いていくつもりです。

ただし、どこかで気が付いて反省と改心ができれば、撤回するか修正をするのが私の遺言です。

あとがき

たった一度の人生です。

お互いに悔いの残らない人生を送るべきです。

私も拙い生き方で後悔をするところでしたが、創価学会との出会いで見事に転換することができました。感謝と悦びの気持ちです。

池田先生のご指導に「仏法は勝負なり」とあります。

「勝つか負けるかです。自分の寿命もどこまで永らえさせていくかという事も勝負でしょう。商売もそうです。人間関係も社会も全部勝負です。負けたら広宣流布はできない。一人一人があらゆる点で大なり小なり勝っていただきたい。その原動力がご本尊様です。信心です。大聖人も、滝の口、佐渡の法難、伊豆の法難の時、執権幕府は何とか大聖人を亡き者にしようとしたが、殺す事はできなかった。大聖人はお勝ちになったのです。要するに何処までも何処までも、宿命転換しながら自分としての最高の極限まで行けるのが信心である。妙法である」と述べられています。

また、別のご指導に、

「困難な時こそ、強き楽観主義で進むのだ。嘆いていても何も変わらない。後ろを振り返っても何も進まない。先ず題目だ！　題目の中に一切が含まれている。人生は何処まで行っても闘いである。ゆえに『絶対に勝つ』と決めて祈るのだ！」とあります。

幾たびか、苦しみの伴うときがありましたが、先生のお言葉で全部、見事に乗り越えることができました。

人の悦びを先頭に立てる生き方が賢明な生き方であることを知りました。

商売も自分の利益を先にするより、人の悦びを先頭にすることが大事であると教わりました。

実際に人の悦びのあとに付いてくるお金は絶対に裏切らないことを多くの体験で実感致しました。

人のために盡《つく》し、人の悦びを自分の悦びとする。

師匠の恩！　親の恩！　人の恩！　を大切に、報恩の誠を！

その生き方は証として必ず自分の基に！

還ってくることを！

■資料編

倒産で学んだ経営の厳しさ

慢心を排し再起の道開く

倒産を乗り越え、事業も再建。信心の喜びをかみしめる杉本さん

〝今から思えば、あの時、経営規模を縮小、一から出直していたら、こんなことには……〟。四十八年秋に起こった石油ショックで材料が高騰。経営する空調設備のダクト工事会社の資金繰りは、目に見えて悪化。赤字工事を余儀なくされる事態で、ジリジリと経営が圧迫されました。初めて苦境に直面し、私の若さと経営理念の浅さが、もろに出てしまったのでした。

二十三歳で独立後、折からの建設ブームに乗って会社は、発展。以来、十四年で年商四億数千万、従業員五十人を擁して関西の業界で十指に数えられるまでになったのです。当時、私は、三十七歳。挫折知らずの経営が、いつしか、過剰な自信となって私の経営感覚を鈍らせていたのでしょう。あえて減量経営を選ばず、企業グループに参加。資金援助を受ければ乗り切れると思ったのですが、逆に手形を悪用されて背負った負債は、なんと、五億六千万円。五十八年に、あえなく倒産してしまいました。

私の参加した企業グループとは、名ばかりで、実態は、グループ内で交互に融通手形を発行、資金調達を図るのが目的の悪質なグループだったのです。〝だまされた!〟。そんな資金づくりのカラクリに気づいた時は、すでに、あとの祭りでした。傘下企業として経営の実権を握られ身動き出来ぬ羽目に陥っていたのです。吸収合併に等しい状態でした。私名義の手形がグループの資金調達の名目で勝手に発行されているか、と思うだけで背筋が凍るようでした。

杉本博昭さん
39年入信。大阪市住之江区在住。住吉川支部。壮年部副本部長。妻と四男と義母の七人家族。50歳。

万策尽きて座った仏壇の前で私は、思わず悔し涙をこぼしていました。十一歳で父と死別。再婚した母への気がねが私の自立心をかき立てたのでしょう。中学を卒業し住み込み工員で就職した建築板金会社で私は、夢中で働きました。念願通り二十三歳で独立したものの私の自己本位の考え方が災いし、取引先と衝突。人間関係の悩みから三十九年に入信。建築板金から空調設備のダクト工事に切り替えたのは、それから三年目の四十二年でした。

関西は万博景気で空前の建設ブーム。私の会社も発展の一途で、四十五年には優に千五百平方㍍の土地を購入して新工場を設立。年商四億数千万を誇る業界の有力企業に成長したのです。時と幸運に守られての急発展も、今、振り返ってみれば、信心の功徳と受けとめられる私ですが、当時は、私の才覚、努力の結果との気持ちを強く抱いていたのも事実です。

2年で負債を全額返済

若くして得た成功が、私の心に慢心を芽生えさせたのでしょう。初信のころに比べてこのころの私は、先輩幹部に指導を求める心もうすらいでいました。努力と信念の人生は、私の生来の気性もあって人の意見に耳を傾けぬところがあったのです。〝あっ、私の慢心が破滅へ向かう因になったのでは……〟。我知らず、たどる人生の来し方。夢中に輾転するなかで胸に込み上げてくる反省。いたたまれぬ思いで私は、先輩幹部のもとに走りました。

「杉本さん、今こそ経営者として大きく脱皮する時ですよ。必ず変毒為薬出来ます。つらくても逃げずに、再起の実証を示していくことが大事ですよ」。厳しくも心温まる励ましに勇気百倍、心から再起を誓ったのです。こうしたなかで売却した堺工場の代金九千万円で大口の負債を、まず、返済。残る二十六軒の取引先を一軒一軒、訪問。誠意を尽くして交渉、期限内の返済を私は誓いました。こうした私の姿に銀行を中心とした債権者会議で手形詐欺で背負った負債額は「杉本さんも、いわば被害者」と全額、タナ上げとなったのです。

〝御本尊様、ありがとうございました〟。思いもかけぬ形での解決に私は、ただ、うれし涙にくれるばかりでした。幸い、私を支援してくれる取引先も多く、倒産して間もなく事業を再開、二年後には残っていた負債も全額、返済することが出来ました。五十八年には、空調設備のダクト清掃作業の代理店の権利を獲得して新会社を設立。歩いての七百社を超える訪問宣伝が功を奏して、大手企業と相次いで契約。現在はダクト工事と清掃作業の二本柱で、着実な発展をたどっています。倒産という試練をくぐって得た経営の厳しさと人の意見に耳を傾ける謙虚さを生涯の心の〝財産〟として、一段と飛躍の実証を示してまいります。

■聖教新聞　1987年刊

〝平和の使者〟土バト フンにご注意

神戸市の研究技師が因果関係解明

堆積すれば奇病のもと

死亡率の高い奇病「クリプトコックス症」の原因とされるカビの一種「クリプトコックス・ネオホルマンス」が、乾燥した土バトの堆（たい）積フンの中で繁殖、大気中に拡散され呼吸器官を通して発病させているメカニズムを神戸市環境保健研究所疫学部の戸矢崎紀紘（のりつな）技師(52)が十三年間の地道な研究の末、解明した。戸矢崎技師はこの研究でこのほど関西医科大から医学博士号を授与される一方、研究成果に基づいて同研究所は公共機関や神社などから堆積フンを除去するなどの対策を市の関係部局に要請した。

群がる平和の使者。乾燥した堆積フンは要注意だ＝神戸市内

こまめな除去必要

医学博士号授与 13年間の地道な研究実る

戸矢崎技師の博士論文は「病源性真菌クリプトコックス・ネオホルマンスに関する研究について」と題するもので、昭和五十二年に神戸市立中央市民病院から、クリプトコックス症の疑いありとされた患者の髄液検体が持ち込まれたことがきっかけになった。

クリプトコックス症は日本では年間五十例ほどを数え、初感染病巣のほとんどは肺。初期症状は激しい頭痛、めまい、おう吐などが見られ中枢神経が侵されると、死亡率が高い。

菌そのものは自然界に存在するが、どういう条件下で増殖するかが問題だった。同技師は当時から疑わしいとされた土バトのフンを徹底的に調べることにし、神戸市内の公共機関や神社などからサンプルを採取。菌液をつくり出し、ネズミの皮ふに副じん皮質ホルモンを塗って抵抗力を弱めたうえに菌液を接種するという方法で潰瘍（かいよう）を作り、菌がクリプトコックス症を引き起こすことを確認。菌が糖に反応する性質を利用して、サンプルを分析し、持ち込まれた患者の検体と同じであるかどうかを確かめた。

この結果、クリプトコックス・ネオホルマンスは土バトの乾燥した堆積フンでのみ増殖することを突き止め、飛散した菌が人間の呼吸器官から体内に入って肺で初発病巣をつくり、さらに血管を通って最終的に脳の中枢神経を侵す一連のメカニズムを解き明かした。

特に、それまで不明だった菌の死滅温度や乾燥に対する強さ、アルカリ性のフンの中でどれぐらい生き延びられるのかなど、豊富なデータを使って解明し、乾燥フンと病気との因果関係を立証した点に専門家の評価が集まった。

戸矢崎技師は「だれもやらなかったことを私がただコツコツとやっただけ」と控えめだが、「風通しのあまりよくない駅のような場所ではハトに巣を作らせないような対策が必要だと思う」と話す。

同研究所の松田良夫疫学部長は「市民生活に結びつくテーマとして取り組んだ結果が博士号になり、大変喜ばしい。ハトそのものは除去できないが、二カ月以上堆積しているようなフンの除去を徹底していきたい」と話している。

■神戸新聞　1990年 8 月25日刊

序章
マスコミが注目し製品を次々と紹介

誠意と知恵と執念で新分野開く

鳥類飛来防止装置　空調芳香システム

第1章
責任施工で売り上げは着実にアップ

にんげん紀行

空調ダクトクリーニング会社社長
杉本　博昭さん（55）
大阪市住之江区

ハト公害の解消に一役

よこがお

第2章
自身の人間変革とともに事業は好転

２年間で700社の企業訪問　"まいた種は花が咲く"の確信で

第3章
成長した子らが父を支え会社の柱に

取材メモ

ダクトクリーニングの作業現場へ出発する社員を励ます杉本さん（右から５人目）

■聖教新聞　1992年１月27日刊

技あり関西 すそ野からの挑戦

鳥の嫌がる磁気活用 飛来防止装置

大阪市住之江区の「大阪ウイントン」会長

杉本 博昭さん

殺さず逃がす共存が念願

磁石を並べ トンネルに

飛行機と衝突 解決したい、と

■讀賣新聞　2003年12月16日刊

バードストッパー

タイで鳥類飛来防止事業

王宮から装置受注

“鳥インフルエンザ対策”

バードストッパー（大阪市住之江区、杉本博昭社長、06・6676・2816）は、タイで磁気を利用した鳥類飛来防止装置の事業を始めた。

タイ王宮から第1号装置をテスト導入で受注。現地資本で発足した「バードストッパー・タイランド」（バンコク市、タムチャン社長）を通じて、受注・施工を行う。受注価格などは非公表。東南アジアは鳥インフルエンザの脅威が広がっているため潜在市場は大きいとみている。

バードストッパーはタイの新会社に対し、鳥類飛来防止装置の技術指導に加え、製品や部材供給を行う。鳥類飛来防止装置は、鳥類自身が持っている生物磁気（マグネタイト）に作用する磁気技術を活用したもの。地球の磁場を感じて飛ぶ鳥は、体内に0・05ガウス程度の磁気を持つ。この数倍の磁力の磁気帯を施設周辺に張りめぐらすことで、鳥が本能的にその場所を避けるようにする。永久磁石を組み込んでいるため、半永久的な使用に耐えられる。

先行受注したタイ王宮の現場は、国王に面会するホールや博物館がある所。飛来する鳥のふん公害に悩まされている。まず管理棟で、全長100メートルの飛来防止装置を据え付ける工事を開始した。

国内市場ではこれまでに、約4000件の施工実績がある。首相官邸をはじめ大阪ドーム、大阪中央公会堂など有名施設の施工も多い。タイの事業を機に海外進出を本格化させる。

■日刊工業新聞　2006年３月21日刊

■電機新聞　2009年2月9日刊

松本駅近く

ムクドリ撃退へ「ハヤブサ」登場

ビル屋上に模型装置

ビル屋上に登場した「ハヤブサ」型の装置

松本市の松本駅近くのビル屋上に、夕方に飛来するムクドリの群れを追い払うため、ハヤブサそっくりの姿をしたユニークな装置が登場した。捕食される小鳥の「悲鳴」をイメージした電子音を自動で発する仕組み。このビルの屋上にはムクドリが寄り付かなくなったという。

大阪市の「バードストッパー」（杉本博昭社長）が販売している「広範囲鳥類飛来防止装置」で、猛禽《もうきん》類のハヤブサが羽を広げた姿の模型。看板に隠れて地上からは見えないが、両翼を広げた長さは約130㌢。設定した時間に、悲鳴に似せた電子音を自動で流して鳥を撃退する。

駅周辺では、数千羽ともいわれるムクドリが一帯の中高層ビルの屋上に集まり、屋外看板などに大量のふんが付く被害があった。頭を悩ませていたこのビルの管理者側が、昨年10月に設置した。

バードストッパー社は、鳥を撃退する装置の開発を長年手掛けてきた。県内では長野市の長野駅に松本とは別のタイプの撃退装置が設置されている。また、鳥と航空機が衝突する「バードストライク」を防止するため、国内外の飛行場が同社の装置を導入しているという。

松本のビルに設置した関係者によると「（設置後）すぐに鳥が寄り付かなくなった」。今後は、鳥が慣れてしまうかを含め、長期的な効果を見守っていきたいとしている。

■信濃毎日新聞　2010年 1 月14日刊

あらゆるニーズに応える鳥獣害対策製品

磁気応用の鳥類飛来防止装置で実績

バードストッパー

鳥類は自身の持つ生物磁気（マグネタイト）を超えた強い磁気に出会うと、本能的にその場所を忌避するという。バードストッパー（大阪市住之江区）では、この傾向をヒントに開発した磁気による鳥類飛来防止器具「バードストッパーチェーンタイプ」を約20年前に発売して以来、約3900件に上る納入実績がある。

送電鉄塔などの電力設備向けとしても、強風や突風にも破損や変形のない球形構造を持つ磁気応用のボールタイプ鳥類飛来防止装置「バードストッパーボールタイプI型（高所耐強風用）」を開発し、既に全国で約1万基の設置実績があり、その効果を持続している。

一方、生物磁石を持たないカラス、ムクドリ、カモメなどの鳥類用として、電子音と射光効果により鳥類の飛来を広範囲で防止するために開発されたのが「バードストッパーボールタイプSS型（ソーラーソニック）」（国際特許出願中）。ソーラーバッテリー搭載のほかオプションでリモコンによる遠隔操作も可能だ。

バードストッパーボールタイプSS型

このほか、鳥類の天敵であるハヤブサの形態と飛翔を模擬し、電子音と併せて鳥の視聴覚に対する忌避効果を図る「フライングファルコン（FFタイプ）」（国際特許出願中）も発売。昨年10月にはJR長野駅の駅前ビルに設置をしたところ、鳥糞による空調機や電機設備のトラブルがなくなり、好評を得ている。今後は変電所などでの利用を考えている。

また、同社では一昨年4月にドイツのベルリンで開催された国際建築見本市の鳥害対策部門に日本から1社のみで出展し、大きな反響があった。今後も「生物との共生・共存」を図りながら「世界の鳥害対策におけるオンリーワン企業」を目指す。

自然環境の変化に伴う生態系への影響により、大型施設や駅構内、住宅地、マンションなどわたしたちの生活圏における鳥獣害への対策が社会的にも問題になっています。とりわけ安定供給の確保が大前提となる電力設備においては、自然との共存を図りながら鳥獣害を未然に防止することが、IT社会やオール電化の進展と相まって日増しに重要となっています。このため、電力の安定供給を支えるとともに、地域社会や環境に貢献する効果的な鳥獣害対策製品の開発が積極的に進んでいるところです。

エネ業界 第32回 最前線

■電機新聞　2010年2月4日刊

鳥類飛来 磁気で防止

バードストッパー JR新宮中央駅に設置

磁気を利用した鳥類飛来防止装置が、3月13日開業したJR鹿児島本線の新駅「新宮中央駅」（福岡県新宮町）に設置され、ふん公害など鳥害対策に効果をあげている。強い磁気を嫌うハトの特性を利用したもので、「バードストッパー」（大阪市住之江区、杉本博昭代表取締役）が開発。20年前に発売して以来、施工実績は約4000件にのぼるという。

新宮中央駅の駅舎に設置されたチェーンタイプ

この装置は米マサチューセッツ工科大学の学者が発表した論文をヒントに開発。「ハトには生物磁気（マグネタイト）が存在し、地球の磁場を感じて飛んでいる」というもので、ハトが持っている生物磁気の範囲を超えた強い磁気に出合うと本能的にその場を急避する傾向があることを突き止めた。

この説をもとに鳥類対策には磁石が有効であると考え、ステンレスワイヤに永久磁石を取り付けた鳥類飛来防止装置「バードストッパーチェーンタイプ」を商品化。磁場のトンネルを作り、その範囲に鳥が飛んで来ないようにした。半永久的に効果があり、電波障害もなく人体にも無害。シンプルなデザインのため、違和感がなく景観も損ねないのが特徴だ。

今回設置した新宮中央駅周辺は、食品工場やパン工場があり、ハトの飛来が懸念されたが、駅舎の屋根やプラットホームの天井など構内の至る所にチェーンタイプを取り付けたことでハトは一切近寄らず、ふん公害に悩まされることはないという。駅の施工は鉄建らが担当した。

駅のほか、工場や病院、美術館、学校、マンション、オフィスビル、神社仏閣、下水処理場、高架下などにも有効。来年春に開業予定の九州新幹線「新鳥栖駅」にも設置されている。

同社では、送電鉄塔など電力設備向けの「ポールタイプ」や鳥類の天敵であるハヤブサを実物大の模型で再現した「FFタイプ（フライングファルコン）」など鳥の種類や設置場所に応じた商品をそろえている。

問い合わせは、バードストッパー（電話06・6683・5132）まで。

■日刊建設工業新聞　2010年４月28日刊

バードストッパー

太陽光で鳥類忌避

新型装置を2月に販売

鳥害対策専門のバードストッパー（大阪市住之江区、杉本博昭社長）は、送電鉄塔や変配電施設など高所で発生する鳥害対策の新型装置「ボールタイプR型（リフレクター）」を開発した。装置は反射基を内蔵した特殊なクリスタルをボール型の球形に搭載し、自然の風力で回転させる。太陽光線の不規則な射光が、カラスなどの鳥類に忌避効果を発揮する。40㍍の耐風速テストでも耐久性・安全性が確認された。11年2月の全国販売に先駆け、このほど販売日までの期間限定で低価格での有償モニター募集を開始した。

装置は太陽光線の不規則な射光に警戒心を持つ鳥類の習性を利用した。鳥類には「慣れ」も起きないため、持続的に効果を発揮できる。また耐候性強化プラスチックを使用したことで、強風突風にも強い構造とした。

ハト、カラス、カモメ、ムクドリ、ヒヨドリなどに飛来防止の効果があり、送電鉄塔などで危惧される短絡事故防止などにも効果的。送電鉄塔などへの設置には取り付けの簡易な縦横可変式ブラケットを使用し、容易に脱着が可能としている。

高所用として、ほかに広範囲飛来防止装置の「ボールタイプSS型」や「ボールタイプI型」などがある。

ボールタイプR型
（リフレクター）

■電機新聞　2010年12月6日刊

広範囲鳥類飛来防止装置

フライングファルコン

バードストッパー社が開発

油槽施設、給油施設

鳥糞汚染など解決

鳥害対策専門業であるバードストッパー（大阪市住之江区東加賀屋二ー七ー一六、電話〇六ー六六八三ー五一三二、杉本博昭社長）の開発した、広範囲鳥類飛来防止装置「フライングファルコン」（写真）が、油槽施設や給油施設でカモメなどの鳥糞汚染のトラブルを確実に解決する装置として注目を浴びている。

沿岸の施設は、遊飛するカモメや鵜などにとって羽を休める場所として格好の場であるがゆえに、人影がないと大量の鳥たちが常時集まってくる。カモメや鵜など海上を遊飛する鳥類の鳥糞は、特に強アルカリ性で装置や機材などの鉄部に錆化を発生、現場では清掃など対応に困っている。

これまでも飛来防止にさまざまの対策を取ってはいるものの、馴れが生じて、効果は持続しない。そこで開発されたのが「フライングファルコン」。飛行場で発生する〝鳥と飛行機の衝突〟「バードストライク」防止のために開発された装置で、すでに国内外でその効果が確認されている。

鳥類の天敵であるハヤブサの形態と飛翔の模擬装置で、鳥類の視聴覚に対する複合効果で、飛来防止の効果を持続することができる。設置した現場では、即効的な効果があると好評を得ている。

装置はＦＲＰ製で海岸べりの強風下にも対応、一基で二千五百平方㍍〜三千平方㍍の範囲で効果が確認されている。なお、一年間の無償保証付き。ソーラーバッテリーを搭載しているので電気工事は不要、設置はだれでも簡単で、コストも廉価である。

飛来防止効果の持続性は、「鳥類の天敵ハヤブサ」の形態と、内蔵された特殊な電子音発生装置にある。これは鳥の絶叫音で一時間に三十七秒間×七回、ランダムに発生し、しかも発生音は七十種に変化するために鳥類の馴れが生じない。発生音はＭＡＸ百二十五㌈でボリューム調整ができる。さらに、現場の実情に合わせて鳥類飛来の時間にセットするタイマーシステムや、足元でＯＮ〜ＯＦＦのできる地上操作タイプなどもある。

■日刊油業報知新聞　2011年４月４日刊

新製品

バードストッパー

太陽光を利用した鳥類飛来防止装置

〈高所耐強風型・鳥類飛来防止装置・ボールタイプR型〉

鳥類は光の波長に変化するものに警戒心が強く、特に太陽光線の不規則な射光には強く反応し、その物体を忌避し周辺に近寄らない傾向があります。

今回開発した「ボールタイプR型」は、鳥類の習性と傾向性を利用した装置で馴れが無く、耐久性と恒久性に優れており太陽光線の射光効果を利用したエコ装置です。

付加効果として、鳥類に忌避効果のある擬響音をボールタイプ内部に装填し、鳥類の帰巣性をかく乱して視聴覚に強い忌避効果と飛来防止の複合効果をもたらす装置として完成させました。

送電鉄塔や電話の無線鉄塔で発生する鳥害防除に貢献できる装置です。

取り付け専用の縦・横可変式のブラケットもあり、脱着も簡便で作業性も良いので好評です。

また、強風下でも変形や破損の無い球形のボール型で、太軸15ミリメートルのシャフトと回転部には密閉型の高性能のベアリングを装填、寒冷下でも停止しない工夫がされています。

重要な耐震動性が問われる耐風速40メートルのテストにも合格し、安全性と耐久性が証明されています。3月より全国発売されました。

お問い合わせ先＝㈱バードストッパー、〒559―0012大阪市住之江区東加賀屋2の7の16、☎06・6683・5132、FAX06・6683・5142

ホームページ＝http://www.bird-stopper.com

■日刊工業新聞　2011年４月15日刊

■『電気現場技術　Vol.50　No.588』2011年 5 月号

特別企画 ・・・電力設備の鳥害対策最前線

送電鉄塔，無線送受信塔などの鳥害防除に納得の新装置！

高所耐強風型・鳥類飛来防止装置「ボールタイプR型」（リフレクター）

杉本　博昭（すぎもと・ひろあき）
㈱バードストッパー　代表取締役

1．はじめに

今回の東日本大震災で尊い人命を亡くされた方へのご冥福を捧げます。また被害を被られた皆様に1日も早く安住の生活と復興の為に逞しく立ち上がっていただけるようにお祈りを致します。

被害地では早くも食品工場跡の潰れたがらくたにカラスが大挙して飛来し整理する人々を困らせている様子が報じられていた。雑食性のカラスは，餌を見つけると何処から飛来するのか驚くほど大挙して集結して来るのには驚嘆される。鳥類の中でも特にカラスには特有の連絡機能と言うのか報知能力が存在する様である。

先日，知人を通して山陰地方の豊岡市出石町から，「カラスの被害で困っている，何とかならないものか」と依頼を受け早速現地へ行ってみた。現地の会館では地域の役員の方が多く集まっておられて事の重大さに驚いた。原因は地域の中にある一箇所の養豚場であったが，地域に張り巡らされた電柱と電線に驚くほどの数のカラスが留まり，その鳴き声と落糞の汚染は半端ではない状態で，不気味さと騒音の地域となっていた。電線に対策するより，電柱に対策する方がコスト的にも効果的と判断したので，弊社の持っている広範囲鳥類飛来防止装置のボールタイプSS型の設置を提案した。現地では実施に向けて現在，話し合いが進んでいる様子である。

さて，国内では桜の開花も進み，若葉が芽をだして緑化が始まっているが，一番厄介なカラスの巣作りがこの4月から5月にかけて進む季節である。各電力会社でもその対策が始まっているが，従来の「ハリ山」タイプの対応が多い様で新規性は見えないようである。

送電鉄塔の短絡事故防止の碍子周辺の対策には，飛来防止の効果と安全性は第1条件だが，補修作業を困難にする様な器具でないことと，対応

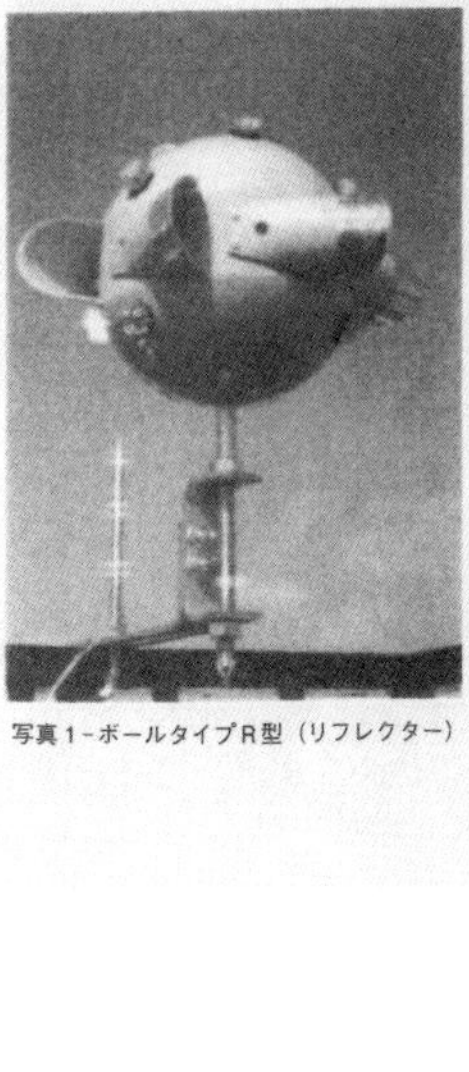

写真1－ボールタイプR型（リフレクター）

する装置自体の脱着性の簡単容易な物であることは第2の条件ではないだろうか。危険な高所作業の中で行うメンテナンスや補修作業で現場要員の困難を知るべきであると思う。

2.「ボールタイプR型（リフレクター)」の概要

本年4月から発売する画期的な発想で開発された新商品をご紹介する。

鳥類飛来防止効果と安全性に優れ，設置や脱着が簡単容易。恒久性と耐久性を確保した鳥類飛来防止装置「ボールタイプR型（リフレクター)」である。鳥類は光の波長に変化するものに異常なくらい警戒心が強く，特に太陽光線の不規則な射光には特に強く反応し，その物体を忌避し周辺には近寄らない傾向がある。

「ボールタイプR型（リフレクター)」は，その鳥類の持つ習性と傾向を利用した装置で，馴れが無く，本体は耐候性の高性能樹脂で成形した恒久性と耐久性に優れた装置である。付加効果として，鳥類の忌避効果のある擬響音をボールタイプ内部に装填，鳥類の帰巣性を攪乱し鳥類の視聴覚に強い忌避効果と飛来防止の複合効果をもたらす装置として完成している。また，同装置は40mの耐強風試験と振動試験にも合格して安全性が証明されている。

カラスは鳥類の中でも特に知能指数が発達していて最も厄介だが，反面警戒心が強いので「もって来い」の装置と言える。同装置はボール型の球

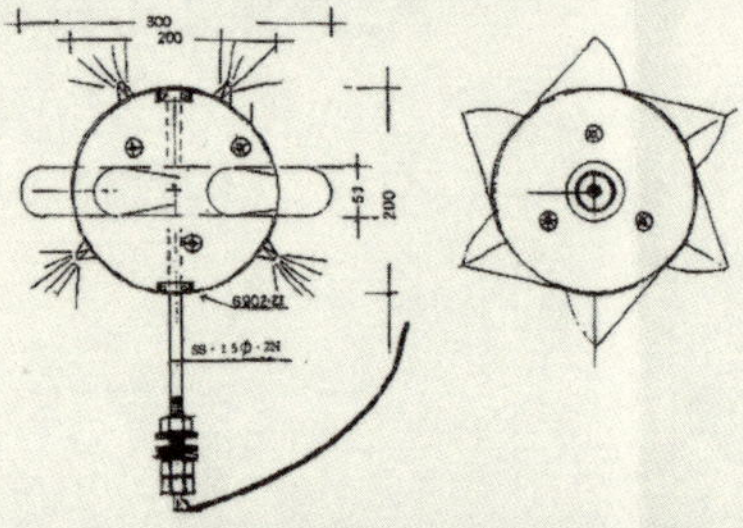

図1-仕様図

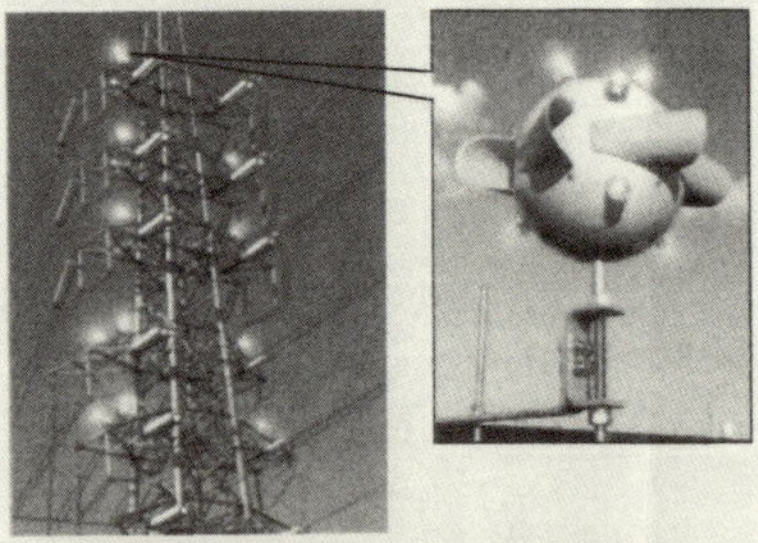

写真2-施行現場-1送電鉄塔（高所耐強風型）

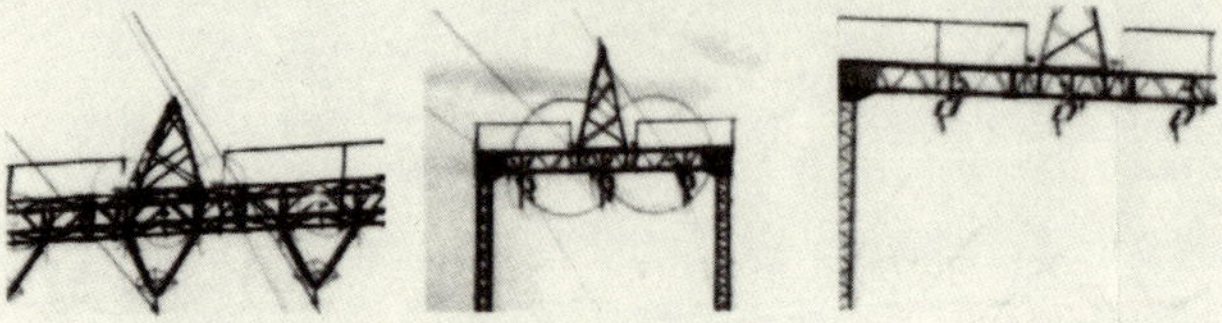

写真3-施行現場-2鉄道送電施設

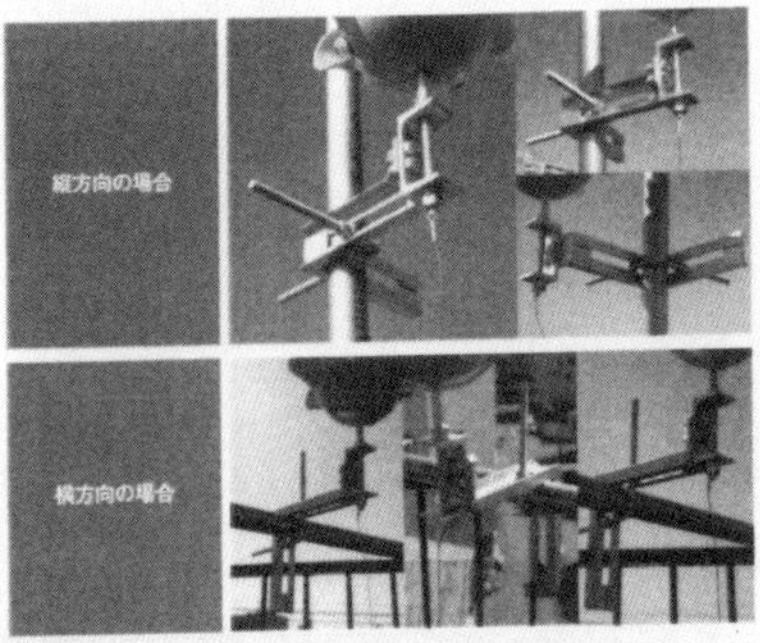

写真4-ボールタイプ設置（縦，横可変式）専用ブランケット

形200mm，翼径300mmで，表面の球体に太陽光の射光を敏感に反射する特殊なクリスタル反射盤9個を搭載。自然の風力で回転するエコー装置である。回転部も高性能の密閉型ベアリング（日本国NTN社製）を装置。寒冷下でも停止しない工夫がされている。その上にボールタイプ本体とクリスタルの射光効果を持続させるために「光触媒」のコーティング処理をしているが「光触媒」の塗膜自体が導電性を持っているため，半永久的な帯電防止効果もあり，まさに一石二鳥の対応と言える。

3．条件に合う各種装置をラインナップ

今回の新型装置の発売に合わせて，同装置の取り付け専用のブラケットも新しく発売する。これは送電鉄塔の鋼材や丸鋼など横向き・縦向きに自在に可変が出来て，50mmから150mmの角材からパイプ材まで取り付けが可能である。材質も従来のフラットバーを変更し折損事故の無いL型鋼材で製作され，その上に防錆に強い「亜鉛メッキ・ドブズケ加工」をしている保証商品である。

なお，積雪の多い地域向けに「ボールタイプR型snowタイプ」もある。これは同型の上部に雪除けのキャップを搭載したものである。性能はR型と同じである。何れのボールタイプにも全部落下防止のSUS製ワイヤーの安全装置を施している。なお，ボールタイプの保証期間は5年間で，期間内の破損は無償で交換する。

高所耐強風型ボールタイプには他に

・磁場嵐効果で1万基設置の実績を持っている「ボールタイプⅠ型」
・電子音発生装置を内蔵した広範囲鳥類飛来防止装置「ソーラソニック」。効果範囲は1500m²～2000m²。
・無線レーダー・リモコン操作で発生音を70m～100m範囲でON-OFFの出来る「ボールタイプSS型レーダーシステム」

などがある。

4．おわりに

株式会社バードストッパーは，これからも「生物と共生・共存」を図りながら，鳥害対策のオンリーワン企業として，世界の鳥害対策に貢献致します。

【問い合わせ・資料請求】
株式会社バードストッパー
〒559-0012
大阪市住之江区東加賀屋2-7-16
TEL 06-6683-5132
FAX 06-6683-5142
URL http://www.Bird-Stopper.com

鳥類飛来防止装置「フライングファルコン」

油槽施設の鳥害対策に威力

㈱バードストッパーが開発

視覚と聴覚の複合効果

【大阪】鳥害対策の専門企業バードストッパー（大阪市住之江区、杉本博昭社長）が開発した広範囲鳥類飛来防止装置「フライングファルコン」が大阪府岸和田市の出光興産・岸和田油槽所に設置され、効果を上げている。

沿岸部の施設ではカモメやカワウ、ウミウなど海岸沿いに生息する多数の鳥類のおびただしい糞（ふん）によって被害を受けてきた。鳥糞は強アルカリ性で鉄部などを錆化させ、施設の機器にトラブルを発生させる原因になりかねないとして、かねてから憂慮されてきていた。

今回導入されたフライングファルコンは、これら鳥類の天敵であるハヤブサの形態と飛翔を模した模擬装置で、各種鳥類に対して、視聴覚の複合効果から馴致がなく、飛来防止の効果を持続できる。

本来は飛行場でのバードストライク（鳥と飛行機との衝突）防止のために開発された装置で、すでに国内外に設置され、実績を上げている。

装置はFRP製で、ハヤブサが翼を広げた実物大の1・3㍍の大きさで視覚的に鳥類を威嚇（かく）。さらに鳥の絶叫音を1時間に37秒間×7回作動させて聴覚でも威嚇している。音質と音域は70種、ランダムに作動させる念の入れようで、作動音は最大125デシベルに調整された。海岸べりの強風にも対応。飛来防止効果は一基で2500平方㍍から3000平方㍍の範囲。電源は装置に搭載されたソーラーバッテリーで対応するエコシステムとなっている。

今回の装置は現場のニーズに応え、鳥類の飛来に応じて任意に作動させることが可能な手元操作となった。これからのシーズンは鳥類の活性期に入るため、同装置の活躍が注目されている。

▽問い合わせ先・㈱バードストッパー＝〒559-0012、大阪市住之江区東加賀屋2-7-16、☎06-6683-5132、FAX06-6683-5142

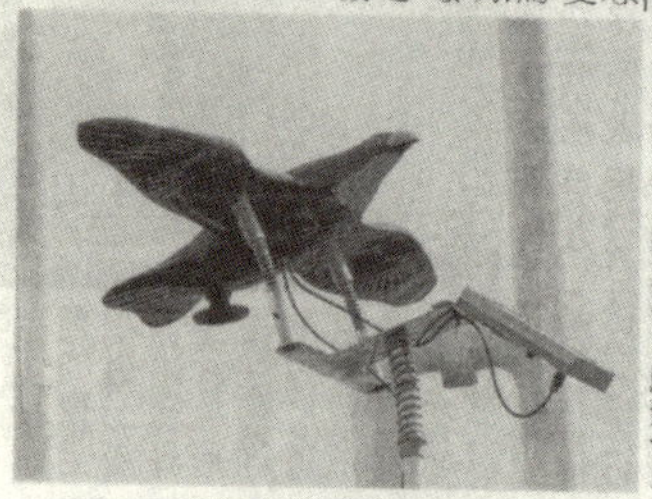

鳥類を寄せ付けない「フライングファルコン」

出光興産岸和田油槽所に設置

■日刊水産経済新聞　2011年6月1日刊

ファイル いい話

鳥類飛来防止装置

バードストッパー

ギャーッと鳴り響く絶叫音で鳥を撃退―。バードストッパー（大阪市住之江区、杉本

視覚と聴覚で鳥を威嚇

博昭社長、06・6683・5132）の鳥類飛来防止装置「フライングファルコン」が、このほど出光興産の岸和田油槽所（大阪府岸和田市）に設置された（写真）。同所によると「鳥の排せつ物の汚れで困っていた」という。

大きさ1・3㍍のハヤブサの模型から、鳥の悲鳴に似た70種類の電子音がランダムに鳴る。視覚と聴覚で鳥を威嚇し「多様な音で鳥が慣れないのが特徴」（杉本社長）。

最大125デシベルの音を出し、2500―3000平方㍍の範囲で鳥を寄せ付けない効果があるという。音は飛来時間に合わせてタイマーで管理できる。太陽光発電で電源不要。価格は1基50万円。

飛行場や駅、農場などへ約100基の納入実績があるが、渡り鳥が集まる沿岸部の工場などへの設置はこれから。「この実績で設置が進めば」（杉本社長）としている。

■日刊工業新聞　2011年6月8日刊

大阪市住之江《すみのえ》区の杉本博昭《ひろあき》区主事（87）は、半世紀以上にわたり、自宅《じたく》を〝広布の会場〟として提供《ていきょう》してこられました（写真）。「26歳で独立したものの、経営に悩《なや》んだことがきっかけで入会。その後、金融詐欺《きんゆうさぎ》に遭《あ》い、巨額の負債《ふさい》を抱《かか》えて倒産しました。

〝広布の会場〟だけは守りたいと懸命《けんめい》に祈る中で、金融機関から『まだ若《わか》いんやから、立ち直ってまた取引《とりひき》しましょう』と告《つ》げられ、損金処理《そんきんしょり》で返済《へんさい》の責任を免《まぬか》れることに。信仰《しんこう》の確信を深め、人の喜びに尽《つ》くす人生を誓《ちか》い、再出発しました。隣家《りんか》が火事で全焼した際は、会場の音漏《おとも》れ防止のため窓をふさいでいたことにより、最小限の被害《ひがい》で済《す》みました。仕事では、開発した鳥害対策《ちょうがいたいさく》機器が〝ゼロバード〟として評判になり、首相官邸《かんてい》や全国の主要駅で採用されるなど、自《みずか》らの境涯《きょうがい》を大きく広げることができました。池田先生から頂《いただ》いた指導の数々は、今も胸《むね》に。学会創立《そうりつ》100周年へ、皆《みな》さんが笑顔で集《つど》い合《あ》うこの場所を守りながら、さらなる勝利の実証を示《しめ》してまいります」

■聖教新聞　2024年１月13日刊

■ゼロバード　ホームページより

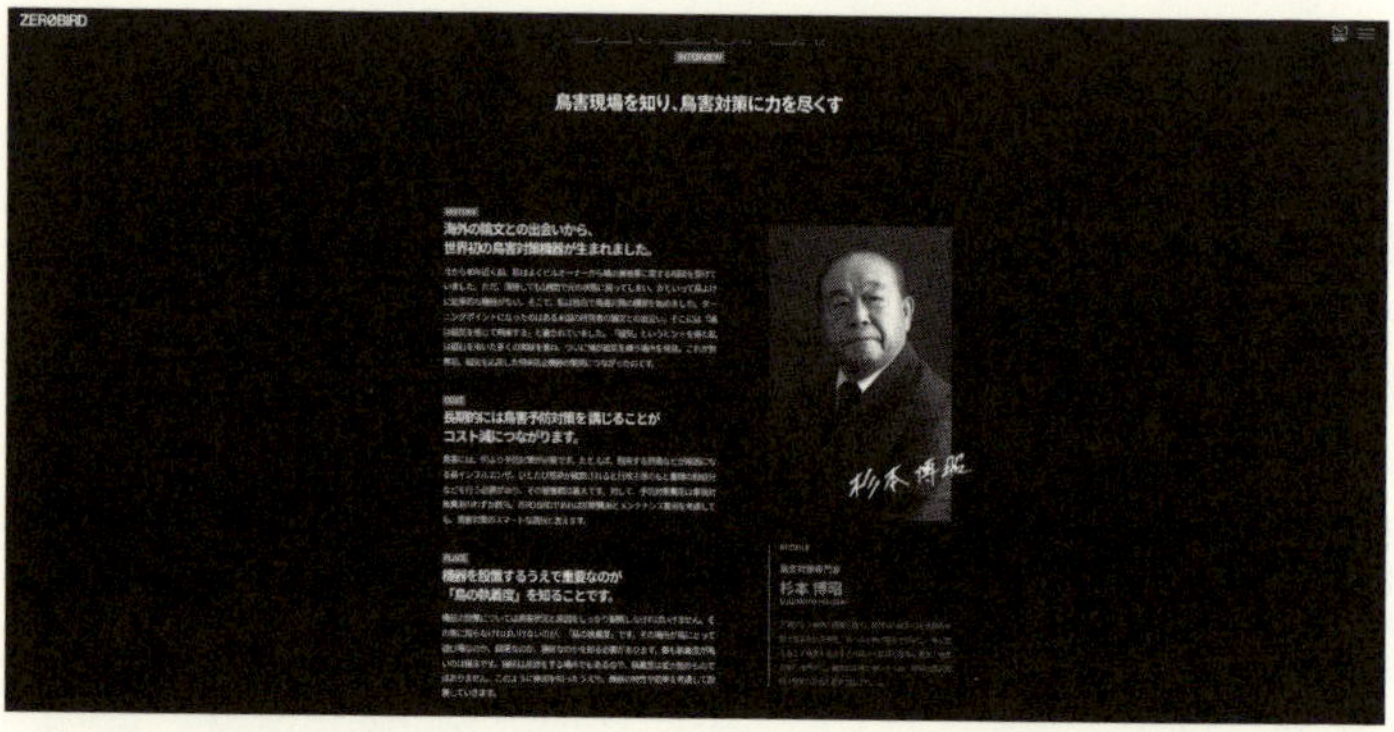

■ゼロバード　ホームページより

■ゼロバード　ホームページより

著者プロフィール

杉本 博昭（すぎもと ひろあき）

1936（昭和11）年、大阪府生まれ。丁稚奉公でブリキ店に勤めたあと、26歳で独立開業。経営に悩んだ際に創価学会に入会。その後、空調ダクト事業を経て、世界初の磁気応用鳥類飛来防止器具等を独自開発し、鳥害対策の専門家となる。

輝く創価に感謝！

波瀾万丈の人生！ 何があっても逃げない。負けない！
人の悦びで逆転勝利！ 全力突破の人生勝負史！

2025年２月15日　初版第１刷発行

著　者　杉本 博昭
発行者　瓜谷 綱延
発行所　株式会社文芸社
〒160-0022 東京都新宿区新宿１－10－１
電話 03-5369-3060（代表）
03-5369-2299（販売）

印刷所　TOPPANクロレ株式会社

ISBN978-4-286-25802-7